Haftungsausschluss / Disclaimer

Die in dem vorliegenden Buch dargestellten Inhalte dienen ausschließlich der Information und allgemeinen Weiterbildung. Sie stellen keine Anlageberatung oder Aufforderung zum Kauf oder Verkauf von Wertpapieren oder anderen Finanzmarktinstrumenten dar. Die Inhalte des Buches ersetzen keine individuelle Anlageberatung bei einem Finanzberater.

Der Autor hat die Informationen und Daten, die in dem Buch verarbeitet wurden, nach bestem Wissen und Gewissen recherchiert. Das vorliegende Buch erhebt jedoch weder einen Anspruch auf Vollständigkeit, noch kann die Aktualität, Richtigkeit und Ausgewogenheit der dargebotenen Information garantiert werden. Trotz sorgfältiger Recherche können Fehler nicht völlig ausgeschlossen werden. Etwaige Ratschläge oder Hinweise stellen unverbindliche und subjektive Meinungen des Autors dar, die sich zu einem späteren Zeitpunkt auch wieder ändern können. Börsengeschäfte beinhalten stets das Risiko eines Totalverlustes des eingesetzten Kapitals.

Genderhinweis:

Allein aus Gründen der besseren Lesbarkeit wird auf die gleichzeitige Verwendung männlicher, weiblicher und neutraler Sprachformen verzichtet. Sämtliche Personenbezeichnungen gelten für alle Gender.

Inhalt

Vorwort

Ich möchte als aller erstes ausdrücklich sagen, dass ich die Krise nicht kleinreden möchte und mich die gesamten Auswirkungen und tausende Verstorbener weltweit sehr schockieren. Auch ich, meine Lebensgefährtin, unsere Familien und unsere Freunde haben / hatten schlaflose Nächte und mitunter auch Angst um die Zukunft.
Das vorliegende Buch ist mit dem Hintergedanken entstanden, dass Krisen aber auch ungeahnte Chancen bieten können und es auch nach der Corona-Krise eine Zukunft geben wird. Ich wollte meine gewonnenen Erkenntnisse und Schlussfolgerungen aus meinen 25 Jahren als privater Anleger ursprünglich nur für eine eigene Best-of-Liste von Aktien nutzen, um genau diese wirtschaftlichen Chancen möglichst renditestark nutzen zu können. Daraus ist jetzt dieses Buch entstanden, ob „DEPOT 2025“ Anklang findet, entscheiden nur Sie, der Leser.
Über Anregungen und Lob freut sich der Mensch, der Autor natürlich auch. Kritik muss eventuell auch sein. Bitte seien Sie bei Ihrer Mitteilung sachlich und höflich, dass würden Sie sich umgekehrt sicher genauso wünschen, danke. Feedback bitte an: michaeltonkamp@gmx.de

Warum diese Art Buch und wieso gerade jetzt?

Das Buch habe ich verfasst, weil die Kultur des Wertpapierhandels hier in Deutschland gegenüber vielen Ländern, allen voran die USA, immer noch deutlich hinterher hinkt. Einerseits weil sich in der Dot.com- und der Immobilien-Blase sehr viele Anleger die Finger verbrannt haben. Andererseits gebe ich aber auch dem deutschen Bildungssystem eine Mitschuld. Natürlich wird im Mathematikunterricht Zinseszins- und Prozentrechnung unterrichtet, leider fehlt aber durch Sozialkunde/Hauswirtschaftslehre der praktische Bezug. Denn Wertpapieranlage schafft mittel- und langfristig Wohlstand. Es sind Beteiligungen an der Entwicklung der Realwirtschaft, von der jeder, auch ein Kleinanleger, profitieren sollte. Stattdessen sind wir hier leider noch immer ein Volk der Kontosparer. Und wenn mal jemand der gar keine Ahnung hat einen Fondsparvertrag abschließt, dann gilt er schon Mancherorts als sehr waghalsig und jemand der das

Risiko liebt... aus dem kann ja nichts werden... (Übertreibung, falls das nicht aufgefallen ist).

Die Schere zwischen Arm und Reich hat also auch mit fehlender Aufklärung zu tun und in Folge dessen mit verpassen von Möglichkeiten und nutzen von Chancen.

Eine dieser historischen Möglichkeiten bietet sich aus wirtschaftlicher Sicht gerade in diesen Wochen in eine der schlimmsten weltweiten Krisen. Das die Welt nach Corona in vielen Aspekten unseres Lebens eine andere sein wird steht außer Frage. Das aber die Weltwirtschaft wieder in Gang kommen wird und damit die Börsen sich wieder stabilisieren und letztendlich auch steigen werden, ist so sicher wie das Amen in der Kirche. In jüngster Vergangenheit konnte ja die ganze Welt beobachten wie sich die Märkte nach der Immobilienblase / Finanzkrise wieder unaufhaltsam in die Höhe schraubten. Dieses Szenario hat sich nach allen Krisen / Crashs wiederholt.

Jetzt ist daher genau der richtige Zeitpunkt, um sich Gedanken über morgen, nächstes Jahr und 2025 zu machen.

Welche Kriterien haben die Auswahl beeinflusst?

Benjamin Franklin soll mal gesagt haben, dass „eine Investition in Wissen noch immer die besten Zinsen bringt". Dem kann ich voll und ganz zustimmen, denn selbst wenn man alles Hab und Gut verliert: Wissen und erlernte Fähigkeiten können auch dann noch angewendet werden. Daher sollte das alte Sprichwort eigentlich „spare *und lerne* in der Zeit, dann hast du in der Not" heißen.

Wer in diesem Marktumfeld weiß was er tut, kann damit langfristig nur Erfolg haben.

Was heißt das jetzt für dieses Buch? Ich habe nach folgenden Kriterien ausgewählt:

1. Das Unternehmen sollte innerhalb seiner Branche relevant sein, und zwar durch einen starken Marktanteil und / oder innovative Produkte / Dienstleistungen.
2. Die Unternehmensführung sollte kompetent sein und in guten Zeiten vor der Krise unter Beweis gestellt haben, dass es das Unternehmen voran bringt und sich den Marktanforderungen der Vergangenheit bereits erfolgreich gestellt hat.
3. Das Unternehmen sollte Produkte und / oder Dienstleistungen anbieten, die gebraucht, gewünscht und verständlich nachvollziehbar zur Entscheidung einer Geldanlage gerade auch für Anfänger sind.

4. Zahlen von gestern sind in einem solchen Systemcrash nicht ganz unwichtig, die Prognosen irgendwelcher „Experten“ für die Zukunft aber entweder totaler Unsinn oder eben nur Prognosen. Aktuell kann kein frei handelbares börsennotiertes Unternehmen eine vernünftige Umsatz- und Gewinnprognose abgeben, wieso sollte das also irgendein x-beliebiger Fachmann aus der Presse oder dem TV können?

Hier sind Punkt 1 + 2 + 3 umso bedeutender, um daraus eine Entwicklung für die Zukunft abzuleiten.

Die in diesem Buch vorgestellten Unternehmen haben aus meiner Sicht diese Aspekte erfüllt. In normalen Zeiten würde man an der Börse von relativ konservativen Aktien sprechen. In der aktuellen Marktsituation kann man aber durch die massiven Kurskorrekturen mit konservativen Wertpapieren überdurchschnittlich hohe Gewinne realisieren. Insbesondere für den, der sich mit diesen Märkten anfreunden, vertraut machen und vielleicht die ersten Schritte hin zu Aktienanlage wagen möchte, sind solch konservative, sich ruhig entwickelnden und langfristig ausgerichtete Unternehmen geeignet.

Wann ist der richtige Einstiegszeitpunkt?

Ganz einfach gesagt: Das kann ich Ihnen nicht sagen. An der deutschen Börse heißt es unter den Händlern, „sobald Klopapier wieder unter normalen Bedingungen gekauft werden kann, kann man davon ausgehen, dass es eine Bodenbildung an den Märkten gibt.“ Soll heißen: Wir haben die Talsohle erreicht, jetzt kann wieder gekauft werden.

Andere Börsianer, darunter auch der verstorbene Altmeister André Kostolany, raten wiederum zum „kaufen solange die Kanonen donnern“. Soll heißen: bei schlechten Nachrichten bekommt man günstig gute Aktien.

Wann man aber wieder normal Klopapier bekommt und wie lange die schlechten Nachrichten noch anhalten kann kein Börsianer, Berater oder „Experte“ sagen.

Den richtigen Zeitpunkt - also der an dem der jeweilige Kurs seinen Tiefpunkt erreicht hat, bevor er wieder zu steigen beginnt – kann man treffen, das ist aber reines Glück.

Eine gute Strategie wäre ein Stück für Stück Einstieg in den Markt. Dabei könnte in gewissen Zeitintervallen investiert werden, indem man den Depotwert um z.B. 10 – 15 %, alle 3-4 Wochen stufenweise von Cash auf Wertpapierbestand verändert.
Wichtig sind in dieser Situation drei Punkte:

1. Behalten Sie die Märkte im Blick.
2. Handeln Sie überlegt und nicht emotional, das wird sonst definitiv nicht funktionieren
3. Wagen Sie den (Teil)-Einstieg, wenn Sie ihn für sinnvoll und richtig halten. Den perfekten Zeitpunkt gibt es nicht und wer zu lange zögert steigt evtl. aber auch zu spät ein.

Das DEPOT 2025 ist für den mittel- bis langfristigen Erfolg ausgelegt. Wenn Sie handeln, dann überlegt und mutig.

Gibt es Optionsscheine im DEPOT 2025?

Grundsätzlich kann man mit solchen Spezialprodukten Geld verdienen. Die Emittenten, in der Regel Banken, haben aber für die Entwicklung dieser Produkte ganze Abteilungen, die sich mit allen möglichen Szenarien und Aspekten beschäftigen, daher sind die angebotenen Produkte entsprechend gestaltet. Das heißt: je höher die Gewinnmöglichkeit, desto enger ist aber auch der Rahmen, indem sich das Wertpapier bewegen kann/darf, damit der Anleger davon profitiert.
Daher kann ich an dieser Stelle nur ausdrücklich sagen: Optionsscheine bergen ein sehr hohes Verlustrisiko, bis hin zum Totalverlust. Spielen Sie also nicht mit ihrem Geld. Insbesondere nicht dann, wenn Sie zum Personenkreis derer gehören, die sich neu oder erst nach langer Zeit wieder mit Aktienanlagen beschäftigen. Vor allem begrenzen Sie das Risiko und werden Sie nicht GIERIG !!!
Letztendlich kommen diese Anlageprodukte im DEPOT 2025 nicht in Frage, da das Ziel mit geringem Risiko eine gute Rendite zu erzielen, damit nicht gewährleistet werden kann.

Das DEPOT 2025

Chemie / Pharma

Alcon **Kurseinbruch zum 52 Wochen hoch: über 30 %**

WKN: A2PDXE

ISIN: CH0432492467

52 Wochen Hoch 59,50 (März 2020)

52 Wochen Tief 36,60 (März 2020)

Die Schweizer Spezialisten für Augengesundheit sind in erster Linie für Kontaktlinsen und entsprechende Pflegemittel bekannt. Das ist aber nur die halbe Miete: die Hälfte des Umsatzes wird durch die Behandlung von Augenerkrankungen (Grauer Star, Grüner Star, diabetische Retinopathie, etc) erzielt. Und wem diese Argumente bei einer zunehmend alternden Weltbevölkerung nicht reichen: Alcon ist in diesem Milliardenmarkt Weltmarktführer mit rund 30 %. Demografischer Wandel + ständige Innovationen bei Dienstleistungen und Produkten - Top Zukunftswert.

BASF **Kurseinbruch zum 52 Wochen hoch: knapp 50 %**

WKN: BASF11

ISIN: DE000BASF111

52 Wochen Hoch 73,71 (04.05.2019)

52 Wochen Tief 37,46 (16.03.2020)

Auch bei BASF hat der Kurs durch die Krise ziemlich gelitten. Den nach Umsatz weltgrößten Chemiekonzern trifft es natürlich sofort mit voller Wucht, wenn die Industrie wegen des shut down Ihre Bestellungen stornieren oder herunterfahren muss.
Das Produktportfolio umfasst Chemikalien, Kunststoffe, Veredlungsprodukte, Pflanzenschutzmittel, Feinchemikalien, Öl und Gas. Mit weltweit 117.000 Mitarbeitern sind die Ludwigshafener als Zulieferer für unzählige Branchen tätig. 2019 erzielte das Unternehmen einen Jahresumsatz von 59 Milliarden Euro.

Dabei stellen sie nicht nur hochwertige Produkte zur Verfügung, sondern gerade auch im Bereich der Digitalisierung und Nutzung neuer Technologien (sowohl für die Kommunikation mit Geschäftspartnern, als auch in den Bereichen Forschung und Entwicklung) ist die BASF oftmals Innovationstreiber. Die Nutzung von z. B. Big Data Analysen zur Steuerung der Energieeffizienz im eigenen Standort Ludwigshafen ist da nur ein Beispiel.
Sobald die Wirtschaft weltweit wieder hochgefahren wird, wird das auch bei BASF umgehend wieder zu erhöhter Nachfrage führen. Es ist natürlich davon auszugehen, dass die Krisenbeschränkungen 2020 auch bei dem Chemieriesen seine Spuren in den Zahlen hinterlassen. Aber es wird auch irgendwann wieder eine Normalauslastung der Wirtschaft geben. Grundsätzlich stimmt hier die Chemie und daher ist BASF für mich bei abzusehender Erholung der Wirtschaft ein klarer Depotkandidat.

Bayer **Kurseinbruch zum 52 Wochen hoch: über 40 %**

WKN: BAY001

ISIN: DE000BAY0017

52 Wochen Hoch 78,80 (24.01.2020)

52 Wochen Tief 45,00 (16.03.2020)

2016 legten die Leverkusener ein Übernahmeangebot für den amerikanischen Monsanto Konzern auf den Tisch, 2018 stimmten die Behörden auf beiden Seiten des Atlantik der Übernahme zu. Seitdem hagelten wöchentlich, mitunter täglich negative Nachrichten durch die Presse. Der Unkrautvernichter Glyphosat sei krebserregend und tausende Klagende warten aktuelle noch auf ein rechtswirksames Urteil oder eine entsprechende außergerichtliche Einigung. Der Kurs brach im Zuge der Streitigkeiten um die Hälfte ein. Das sich ausgerechnet Bayer so ein faules Ei mit Krebsvorwürfen ins eigene Nest legt ist ironisch. Schließlich verfügen sie über eine breite Palette an Medikamenten zur Krebsbehandlung (Bereich Pharmaceuticals). Im Bereich Consumer Health (nicht verschreibungspflichtige Medizinprodukte) sind sie nach Johnson & Johnson die weltweite Nummer zwei. Und trotz der aktuellen Schwierigkeiten rund um Monsanto war die Übernahme nicht blöd. Die klimatischen Veränderungen erfordern regional angepasstes Saatgut und Pflanzenschutz, also ein klarer und wichtiger Zukunftsmarkt.

Bayer ist weltweit tätig und ein hervorragend vernetzter Branchenriese. Die Monsanto-Glyphosat Schwierigkeiten werden irgendwann Vergangenheit sein. Der Kursverlauf der vergangenen 6 Monate deutete das schon schön an. Wenn man langfristig von alten Höhen aus 2015 ausgeht (um 148 €) wäre das sogar eine Kursverdreifachung. Jetzt besteht die Chance den verpassten Einstieg nachzuholen und die Papiere dann unter Beobachtung sehr lange zu halten.

Stryker **Kurseinbruch zum 52 Wochen hoch: über 40 %**

WKN: 864952

ISIN: US8636671013

52 Wochen Hoch 209,30 (20.02.2020)

52 Wochen Tief 117,56 (23.03.2020)

Wissen Sie womit Krankenhäuser richtig viel Geld verdienen? Orthopädische Operationen, also Kniegelenke, Hüftgelenke, etc. Und genau in diesem umsatzstarken Markt ist Stryker aus Michigan/USA tätig. Sie liefern nämlich entsprechende künstliche Gelenke und ähnliches. Und da diese Sparte durch eine ständig älter werdende Bevölkerung kontinuierlich wächst, hat Stryker jüngst den Konkurrenten Wright Medical übernommen. Der Kaufpreis war nicht ganz ohne, die Unternehmensführung plant aber eher längerfristig und will sich frühzeitig gut positionieren. Das klingt doch super. Das ist aber nur ein Teil des Tagesgeschäfts der Medizintechnik-Spezialisten. Unter anderem stellen sie z.B. auch Titanplatten für die Gesichts- und Kieferchirurgie und Operationsleuchten her.

Der weltweite Medizintechnikmarkt ist Milliardenschwer. Die Amerikaner genießen nicht nur einen guten Ruf, sondern haben sich durch geschickte Zukäufe schon ein gutes Stück vom Kuchen gesichert. Von weiteren strategischen Übernahmen und innovativen Produkten kann man wohl auch in Zukunft ausgehen.

Der Kurs wurde in der Krise herunter geprügelt. Natürlich wurden alle nicht relevanten Operationen (gerade in der Orthopädie) während der Krise zurückgestellt. Aber wer vorher ein neues Kniegelenk benötigte, wird ja nach der Krise auch noch eines brauchen. Oben genannter demografischer Wandel und die zunehmend höhere Lebenserwartung sind mehrere Topargumente. Sobald entsprechende medizinische

Eingriffe wieder im Alltag normal geplant werden können, wird sich auch der Kurs sicher zügig erholen.

Symrise **Kurseinbruch zum 52 Wochen hoch: ca. 30 %**

WKN: SYM999

ISIN: DE000SYM9999

52 Wochen Hoch 99,96 (19.02.2020)

52 Wochen Tief 71,02 (18.03.2020)

Wenn sie das nächste Mal eine warme Mahlzeit zu sich nehmen, dann schließen sie mal ihre Augen. Riechen sie mal am Essen, am Getränk und versuchen sie mal einzelne Gerüche in ihrer Umgebung wahrzunehmen. Danach probieren sie mal ihr Essen, können sie einzelne Zutaten herausschmecken?

Willkommen in der Welt von Symrise, einem der weltweit größten Erzeuger von Duftstoffen und Aromen.

In welchem Umfang diese Branche unseren Alltag beeinflusst kann man an einem kleinen Beispiel zeigen: Ein junger Mann steht morgens auf, geht duschen und macht sich für den Weg zum Einkauf fertig. Duschgel, Deodorant, Zahnpasta sind einige Beispiele mit denen er direkt schon im eigenen Bad zu tun hat. Im Supermarkt angekommen arbeitet er seine Einkaufsliste ab: Brot, Aufschnitt, Käse, Marmelade und Margarine für das Frühstück. Fertiggerichte für Mittag- und Abendessen. Snacks wie Chips und Studentenfutter, sowie verschiedene Getränke wie Limonaden für den Fernsehabend. Der Hund braucht noch Futter, Waschmittel und Reinigungsmittel braucht er auch noch...

Diese Geschichte könnte man noch lange weiter erzählen, was aber schon in diesem kleinen Abschnitt klar herausklingt ist, dass nicht nur das Aussehen, sondern auch Geruch und Geschmack das Kaufverhalten der Kunden beeinflussen und über Erfolg oder Misserfolg eines Produkts mitentscheiden.

Symrise ist in seiner Branche theoretisch schon seit 145 Jahren tätig. Das Unternehmen entstand 2003 aus der Fusion von Dragoco Gerberding & Co. AG und der Haarmann & Reimer GmbH, letztere war die ältere der beiden Firmen und wurde bereits 1874 gegründet. Aktuell bietet das Unternehmen ca. 30.000 Produkte an. Die ca. 10.000 verschiedenen Rohstoffe werden aus rund 100 Ländern importiert. Zu den

über 6.000 Kunden zählen Kosmetik-, Lebensmittel-, Getränke- und Tierbedarfsunternehmen.
Ob der Jahresumsatz von über 3,4 Milliarden Euro aus 2019 in 2020 gehalten werden kann, ist schwer zu sagen. Fakt ist, dass die Produkte der Holzmindener auch während der Krise gebraucht werden. Nachteilig könnten sich hier vorübergehende Importbeschränkungen auswirken. In wie weit die Rohstofflager gefühlt sind und ob Engpässe entstehen können, kann nur spekuliert werden. Den Kursrückschlag sollte man zum günstigen Einstieg in eine langfristig immer weiter wachsende Branche nutzen.

Immobilien

Aroundtown **Kurseinbruch zum 52 Wochen hoch: über 65 %**

WKN: A2DW8Z

ISIN: LU1673108939

52 Wochen Hoch 8,87 (19.02.2020)

52 Wochen Tief 2,95 (17.03.2020)

In den letzten Monaten gab es die eine oder andere Nachricht über die Luxemburger.
Der Immobilienkonzern stand in Übernahmeverhandlungen mit der TLG, gute Nachrichten: man ist sich einig geworden und der Zusammenschluss steht. Damit entsteht ein weiterer großer Immobilienkonzern, dieser ist aber anders als die anderen. Aroundtown ist nämlich überwiegend im Sektor Gewerbeimmobilien beheimatet und da passte die Übernahme von TLG natürlich perfekt.
Zunächst mal der Bereich der Sorgen machen könnte: rund ein Viertel der Immobilien sind Hotels. Die Mietverträge sind allerdings so gestrickt, dass die Miete nicht an der Auslastung gekoppelt ist, ob das Hotel also voll oder leer ist kann für Aroundtown erstmal egal sein.
Das Gros, also über 75 % der Immobilien sind Gewerbeeinheiten, die an Supermarktketten und ähnliche Parteien vermietet sind. Das ist super und da wird es eher geringe bis gar keine Mietausfälle geben.

Das Unternehmen verfügt über Cash-Reserven von mehr als 2,5 Milliarden Euro. Dadurch ist die Hälfte der Immobilien durch das Bankkonto gedeckt. Zusammen mit dem TLG Bestand beträgt der Wert der Immobilien ca. 18 Milliarden Euro. Durch den Kurssturz liegt die Marktkapitalisierung beider Unternehmen bei rund 11 Milliarden Euro.

Geringere Marktkapitalisierung als Immobilienwert + hoher Cashbestand + Spezialisierung innerhalb der Branche = klar unterbewertet und sollte im Depot nicht fehlen. Ach ja: ein Aufstieg in den DAX ist nach Kurserholung ja auch noch möglich…

Vonovia **Kurseinbruch zum 52 Wochen hoch: über 30 %**

WKN: A1ML7J

ISIN: DE000A1ML7J1

52 Wochen Hoch 54,38 (19.02.2020)

52 Wochen Tief 36,91 (19.03.2020)

Die aus der Deutschen Annington und GAGFAH hervorgegangene Vonovia ist einer der deutschen Marktführer als Vermieter für Privathaushalte. Die Bochumer haben sich in den letzten Jahren Stück für Stück vergrößert in dem sie geschickt Immobilienbestände erworben und / oder Mitbewerber übernommen haben. Der deutsche Bestand beläuft sich aktuell auf ca. 350.000 Einheiten. Des Weiteren schreitet die Europaexpansion voran: mit über 37.000 Einheiten durch die Töchter Hembla und Victoria Park ist der Konzern einer der größten Vermieter Schwedens. 21.000 Einheiten in Österreich, meist in und um Wien, sind auch ein ordentlicher Bestand.

Auch an Vonovia wird die Krise nicht völlig spurlos vorbei ziehen. Ob sich der Marktwert der Immobilien verringert ist solange nicht wichtig, bis man diese eventuell veräußern wollen würde. Solange werfen die Einheiten Mieteinnahmen ab und das auch während der Krise, egal wie lange diese dauern würde.

Der Konzern ist gut aufgestellt und mit weiterer Expansion in Europa ist zu rechnen. Man spricht ja nicht umsonst von „Betongold". Bei dem Kursniveau äußerst interessant.

Energie / Rohstoffe

2G Energy **Kurseinbruch zum 52 Wochen hoch: über 45 %**

WKN: A0HL8N

ISIN: DE000A0HL8N9

52 Wochen Hoch 54,40 (17.01.2020)

52 Wochen Tief 29,10 (16.03.2020)

Haben Sie schon mal von dem Städtchen Heek im Münsterland gehört? Nicht schlimm, können Sie ja mal googlen... Von 2G Energy haben Sie aber wahrscheinlich schon mal gehört oder sogar eines der zahlreichen Servicefahrzeuge gesehen. Denn aufgrund der gefragten Produkte haben die Mitarbeiter von 2G alle Hände voll zu tun. Die Münsterländer bieten Blockheizkraftwerke zur dezentralen Energieversorgung durch Wärme-Kraft-Kopplung an. Mit ihren Systemen erzielen sie einen, aus aktueller technologischer Sicht, sehr guten Gesamtwirkungsgrad. Das beschert volle Auftragsbücher und das nicht nur in Deutschland. 2G ist international in Europa, Nordamerika, Asien und Australien tätig. Damit sind sie in einem zukunftsträchtigen Markt voll auf Wachstum programmiert. Das Unternehmen wurde 1995 gegründet, ist 2007 an die Börse gegangen und der Kursverlauf seit Erstnotiz spricht für gute Produkte und eine clevere Unternehmensführung. Der Krisenrücksetzer bietet eine gute Einstiegschance.

7C Solarparken **Kurseinbruch zum 52 Wochen hoch: knapp 30 %**

WKN: A11QW6

ISIN: DE000A11QW68

52 Wochen Hoch 3,88 (31.01.2020)

52 Wochen Tief 2,76 (16.03.2020)

2014 ist 7C Solarparken durch die Übernahme der Colexon AG hervorgegangen. Heute zählt das Unternehmen zu den mittelgroßen Betreibern von Solarparks, vor allem in Norddeutschland. 7C ist von seiner Struktur vertikal aufgebaut, das heißt alle laufenden Tätigkeiten erfolgen in der Regel in Eigenregie. Dadurch werden Schwachstellen direkt erkannt, verbessert und so die eigene Kompetenz gestärkt. Des Weiteren spart man

Kosten, involviert keine Dritten in interne Abläufe und nutzt möglichst umfangreich die Wertschöpfungskette. Kürzlich wurden ein Projektentwickler und ein Fondspezialist übernommen, wodurch die Wertschöpfungskette weiter gestärkt wurde. Die Corona Krise wird sich auch bei 7C bemerkbar machen, allerdings bietet das Geschäftsmodell klare Vorteile: 1. Die Solaranlage produzierten trotz shut down und spülten so konstant weiter Geld in die Kassen. 2. Die Unternehmensführung hat in den letzten Jahren bereits bewiesen, dass sie ihren Job versteht. Das angestrebte Wachstum des Unternehmens wird durch die Krise allenfalls etwas ausgebremst.
3. Erneuerbare Energien sind eine klare Zukunftstechnologie.
Hier bekommt man durch den Crash nochmal die Möglichkeit Anteile günstig einzusammeln.

Gazprom **Kurseinbruch zum 52 Wochen hoch: über 50 %**
WKN: 903276
ISIN: US3682872078
52 Wochen Hoch 7,68 (07.11.2019)
52 Wochen Tief 3,64 (09.03.2020)

Der russische Riese ist wohl der größte private Arbeitgeber Russlands mit ca. 450.000 Beschäftigten. Darüber hinaus ist das Unternehmen der größte Erzeuger von Erdgas mit einer Quasi-Monopolstellung.
Der Staat hält über 50 % der Anteile (Stand 2018) und damit gibt der Kreml eigentlich schon klar vor, wie es mit dem Konzern weiter geht. Grundsätzlich gab und gibt es teilverstaatlichte Unternehmen auch in anderen Ländern, das ist also nicht negativ auszulegen.
Mit seinem Pipelinesystem von über 170.000 Kilometer Länge versorgt das Unternehmen rund 30 Prozent des Binnenmarktes.
Über die Exportmengen gibt es aktuell unterschiedliche Zahlen. Klar ist, dass die Einnahmen den russischen Staatshaushalt enorm unterstützen. Das wiederum führt auch wieder zu der Schlussfolgerung, dass das Unternehmen in seiner Entwicklung eher gefördert als ausgebremst wird.
Erdgas ist ein sehr wichtiger Wirtschaftsfaktor in Russland. Mit dem Hochfahren der Wirtschaft in Europa und Asien, speziell China, wird natürlich auch der Erdgasexport

wieder ansteigen. Der durch die Krise abgerutschte Börsenkurs wird sich, meiner Meinung nach, in den nächsten Monaten wieder erholen. Außerdem kommt ja dann auch irgendwann wieder ein neuer Winter.

Iberdrola **Kurseinbruch zum 52 Wochen hoch: ca. 25 %**

WKN: A0M46B

ISIN: ES0144580Y14

52 Wochen Hoch 11,33 (05.03.2020)

52 Wochen Tief 7,36 (18.04.2019)

Die Spanier zählen zu den größten Energiekonzernen in der Welt und sind der größte Stromerzeuger in Spanien. Mit einem Jahresumsatz von über 36 Milliarden Euro versorgen sie rund 100 Millionen Menschen auf verschiedenen Kontinenten mit Energie.

Durch Übernahmen und Joint Ventures hat sich der Konzern schon vor einigen Jahren unabhängiger vom Heimatmarkt in Südeuropa gemacht. Das Unternehmen ist in verschiedenen europäischen Ländern, sowie Australien, Nord- und Südamerika tätig.

Gerade im Bereich der erneuerbaren Energien, speziell Wind- und Wasserkraft, haben sich die Spanier in den letzten Jahren sehr gut aufgestellt.

Durch die Krise, gerade im massiv getroffenen Spanien, ist der Verbrauch natürlich extrem gesunken. Das spiegelt sich auch im Kurs wieder, der Ende Februar wie ein Stein abstürzte. Der Langfristchart zeigt aber schön, dass die Unternehmensführung die richtigen Hebel betätigt hat, daher wird der Kurs unter normalen Netzauslastungen auch wieder alte Höhen sehen.

Verbio ? **Kurseinbruch zum 52 Wochen hoch: ca. 55 %**

WKN: A0JL9W

ISIN: DE000A0JL9W6

52 Wochen Hoch 13,30 (06.02.2020)

52 Wochen Tief 6,01 (18.03.2020)

Verbiodiesel aus Raps verringert gegenüber fossilem Diesel pro Liter die Co2-Emissionen um 1,7 kg pro 100 Kilometer. Co2- Einsparung = 62 %. Greta Thunberg dürfte es freuen, die Aktionäre von Verbio freuten sich über den positiven Kursverlauf der letzten Jahre ganz sicher. Doch Biodiesel ist nur eins von drei Standbeinen der Leipziger. Das zweite ist Bioethanol, bei dem man jeweils regional mit zahlreichen Landwirten zusammenarbeitet.

Das dritte ist aber wohl das interessanteste, denn im Sektor Biomethan können die Sachsen etwas, das kaum ein anderer weltweit so gut beherrscht: die Produktion von Biomethan aus Stroh im großtechnischen Maßstab mit einer Co2-Einsparung von 90 %. Das Unternehmen wurde 1995 gegründet und ist mittlerweile in seiner Branche eines der größten in Deutschland. Der Jahresumsatz liegt bei rund 800 Millionen Euro.

Wie stark die Krise den Bio-Dienstleister treffen wird ist schwer zu sagen, der Verbrauch ist natürlich deutlich gesunken. Ob daher die Vorjahresumsätze beim Biodiesel, Bioethanol und Biogas gehalten werden können ist schwer zu sagen.

Klar ist aber, das Verbio in einem absoluten Zukunftsmarkt unterwegs ist und die technischen Entwicklungen, wie z.B. beim Biomethan, ständig verbessert und damit effizienter gemacht werden. Zudem war 2019 der Baubeginn von Stroh-Biomethan-Anlagen in Indien und den USA.

Bei Bodenbildung zugreifen und von der grünen Entwicklung profitieren, wer weiß wie schnell der Kurs sich erholt und ob nicht eventuell sogar Übernahme-Interessen geweckt wurden…

Konsumgüter Food

Anheuser Busch **Kurseinbruch zum 52 Wochen hoch: über 65 %**

WKN: A0N916

ISIN: US03524A1088

52 Wochen Hoch 92,00 (02.08.2019)

52 Wochen Tief 30,60 (19.03.2020)

Die global agierende Brauerei ist unter anderem durch Budweiser, Becks und Corona bekannt. Mit letzterer wurden zu Beginn der Krise in den Sozialen Medien noch unzählige Spaß-Videos und Bildchen gepostet, mit wachsender Unsicherheit ließ aber auch das schnell nach. Regional wird jeder im Alltag schon mal mit den Marken des Konzerns in Berührung gekommen sein. Mit über 100 Marken beliefert Anheuser nicht nur Super- und Getränkemärkte, sondern Sportstätten, Festivals, Restaurants, Kneipen, Hotels, etc. Während der Krise haben in vielen Ländern nur noch die Super- und Getränkemärkte offen, das sorgt natürlich für eine erhebliche Umsatzdelle. Wann und in welchem Umfang Live-Events wieder stattfinden, kann zur Stunde (Ende März 2020) keiner genau sagen. In Deutschland droht sogar das berühmte Oktoberfest zu kippen, da wäre die Brauerei durch Löwenbräu und Franziskaner vertreten…

Die Bilanz 2020 dürfte bescheiden bis schlecht ausfallen, konsumiert wird nämlich überwiegend Zuhause und selbst wenn die Ausgangssperren langsam gelockert werden, zählen Kneipen, Restaurants und Live-Events zu den letzten wieder zugänglichen Aktivitäten. Ab 2021 dürfte es dann mit dem Konsum und den Umsätzen wieder deutlich besser aussehen. Klares Langzeitinvestment mit enormen Aufholpotenzial, sobald es wieder heißt: „O´zapft is"

Bakkafrost **Kurseinbruch zum 52 Wochen hoch: über 45 %**

WKN: A1CVJD

ISIN: FO0000000179

52 Wochen Hoch 71,35 (20.02.2020)

52 Wochen Tief 39,06 (30.03.2020)

Die Färöer Inseln kennt man bei uns im Grunde genommen nur durch Fußballländerspiele. Eventuell ist dabei dem einen oder anderen schon mal das Logo von Bakkafrost als einer der Hauptsponsoren des Verbandes aufgefallen. Ansonsten spielen die Inseln für uns im Alltag keine wahrnehmbare Rolle bzw. haben sie schon mal von Bakkafrost gehört? Wahrscheinlich eher nicht.

Das Unternehmen zählt unter den Lachsfarmen zu den zehn größten Produzenten weltweit und ist einer der größten Fischverarbeitungsbetriebe in Europa. 1968 gegründet hatte man sich zunächst auf den Fang und dessen Verarbeitung konzentriert. Durch Überfischung und daraus resultierende Fangregulierungen wurde weltweit an

Möglichkeiten der Fischzucht in kontrollierter, künstlicher Umgebung geforscht. Bakkafrost betreibt seit 1979 Aquazuchtkulturen und baute diesen Geschäftszweig seit dem auch kontinuierlich aus.

Durch die Fusion mit Vestlax 2010 und die Übernahme von P/f Havsbrún 2011 konnte sich das Unternehmen schon deutlich vergrößern. Aktuell bereitet die Unternehmensführung die Übernahme des Konkurrenten Scottish Salmon Company für ca. 500 Millionen Pfund vor. Damit würde man sich, mit dem drittgrößten schottischen Anbieter, auch in deren Gewässern gut positionieren.

Bakkafrost ist 2010 an die Börse gegangen und bei Betrachtung des Langfristcharts ist schön zu sehen, dass der Kurs recht konstant nur die Richtung Norden kannte.

Dies bestätigt eine gute Unternehmensführung und die stetig wachsende Nachfrage nach Fischprodukten und speziell Lachs ist die Grundlage für weiteres erfolgreiches Wachstum. Aquakulturen gehören in der Lebensmittelindustrie zu den Zukunftsmodellen, gerade um natürliche Fischbestände zu schonen und die Weltmeere zu entlasten. Mit Ausbruch der Krise in Europa ist der Kurs regelrecht abgestürzt. Für Anleger die diese Branche bisher übersehen hatten, bietet sich dadurch eine Topgelegenheit. Ich freue mich über diese hervorragende Chance und werde kurzfristig bei Bodenbildung zugreifen. Dividenden gehen dann außerdem noch regelmäßig ins Netz.

Danone **Kurseinbruch zum 52 Wochen hoch: über 35 %**

WKN: 851194

ISIN: FR0000120644

52 Wochen Hoch 82,20 (06.09.2019)

52 Wochen Tief 50,78 (16.03.2020)

Der Lebensmittelkonzern wurde 1919 gegründet und feierte somit letztes Jahr sein hundertjähriges Jubiläum. 2020 wird dennoch ein Jahr sein, das auch bei Danone in die Unternehmensgeschichte eingeht.

Ursprünglich in Spanien gegründet ist der Konzern mittlerweile in Frankreich beheimatet. Von Paris aus werden die jeweiligen Vertretungen in 140 Ländern mit ca. 100.000 Mitarbeitern weltweit geleitet.

Danone ist vor allem auf Milchprodukte, Getränke und Gebäck ausgerichtet. Der Jahresumsatz des Konzerns beläuft sich auf über 25 Milliarden Euro.
Besonders starke Nachfrage erfährt in den letzten Jahren der Bereich Babynahrung. Hier haben sich die Franzosen durch die Übernahmen von Numico, mit der Marke Milupa, und Happy Family, dem größten US Bio-Babynahrung Produzenten, enorm verstärkt. Gerade im asiatischen Raum sind die hochwertigen Danone Baby-Marken sehr gefragt.
In den anderen Geschäftsfeldern sind z.B. Evian und Volvic, als hochwertige Tafelwasser, und Actimel, Fruchtzwerge und Alpro, als beliebte Milchprodukte, sehr bekannt.
Durch die Quarantäne in China und den shut-down´s in den Nachbarländern ist der starke Asien Absatz im zweiten Quartal eingebrochen. Das wurde an der Börse aber deutlicher bestraft als es hätte sein müssen. Gut für die Anleger, die können sich jetzt nochmal einen Top Lebensmittelkonzern zum Sparpreis ins Depot legen.

PepsiCo **Kurseinbruch zum 52 Wochen hoch: ca. 30 %**

WKN: 851995

ISIN: US7134481081

52 Wochen Hoch 137,00 (17.02.2020)

52 Wochen Tief 96,01 (23.03.2020)

Mögen Sie Pepsi Cola? Die Frage ist nicht ganz unbegründet, denn in den USA gab es vor Jahren den so genannten "Cola-Krieg" zwischen Coca Cola und Pepsi, die Nation teilte sich geschmacklich in zwei Lager. Es gab kaum jemanden der sich zu beiden Lagern bekannte. Tatsächlich lässt allein der Name natürlich in erster Linie auch an Cola bzw. Limonaden denken. Das in vielen Haushalten aber schon beim Frühstück Produkte aus dem Hause Pepsi auf dem Tisch stehen, liegt nicht an der Cola-Sucht der Kunden, sondern daran, dass die New Yorker auch Fruchtsäfte und Lebensmittel wie Korn Flakes vertreiben. Die bekanntesten Marken dürften da wohl Punica und Cap´n Crunch sein. Des Weiteren hat Pepsi mit Frito-Lay auch zahlreiche Snacks und Knabbergebäck für einen entspannten Filmabend oder die nächste Party im Angebot.

Aktuell ist Pepsi mit RockStar in Verhandlungen. Energy-Drinks sind bei den jüngeren Kunden schon lange ein Umsatzgarant. Mit Mountain Dew steht man in dieser Sparte momentan aber noch im Abseits, noch...

PepsiCo ist aktuell der fünftgrößte Lebensmittel Konzern der Welt. Trotz verhältnismäßig sicherer Umsätze kam die Aktie an der Börse mit unter die Räder. Auch bei PepsiCo werden sich die Auswirkungen der Krise in den Zahlen bemerkbar machen, aber im Gegensatz zu vielen Branchen wurde auch während der weltweiten Ausgangssperren und sonstigen Einschränkungen kräftig über die Supermarktkassen weiter verdient. Wenn alles vorbei ist und Tourismus, Live-Events und allgemeines Ausgehen wieder stattfinden, kommen diese Umsätze dann noch on Top. Das wird sich mittelfristig auch im positiven Kursverlauf bemerkbar machen.

McDonald´s **Kurseinbruch zum 52 Wochen hoch: über 40 %**

WKN: 856958

ISIN: US5801351017

52 Wochen Hoch 201,10 (14.02.2020)

52 Wochen Tief 114,72 (18.03.2020)

Das 1940 gegründete Unternehmen gehört heute zu einer der bekanntesten Marken und ist der umsatzstärkste Fast-Food-Konzern der Welt. In den letzten Jahren hat McDonald´s innerhalb der Restaurants die McCafé´s etabliert, wodurch neue Zielgruppen erschlossen wurden. Der Gast wird nicht mehr nur durch Fast Food schnell abgefertigt, sondern zum längeren Aufenthalt durch gemütliche Sitzbereiche bei leckerem Gebäck animiert. Das schafft weitere Kundenbindung und letztendlich Umsatz. Des Weiteren werden die Restaurants Stück für Stück modernisiert, wodurch z.B. Bestellungen vermehrt elektronisch aufgenommen werden. Personalkosten werden reduziert, Gewinne maximiert. Und durch die Franchiseverträge verdient der Konzern daran kräftig mit. Während der Krise sind starke Umsatzeinbußen keine Frage, durch ein starkes Netz an regionalen Zulieferern kann das Geschäft aber auch schnell wieder hochgefahren werden.

Unglaublich starke Marke, sehr gute Standortpräsenz und hoher Nachholbedarf werden diese Aktie schnell wieder zu alten Höchstständen führen.

Starbucks **Kurseinbruch zum 52 Wochen hoch: über 45 %**

WKN: 884437

ISIN: US8552441094

52 Wochen Hoch 89,27 (27.07.2019)

52 Wochen Tief 46,64 (18.03.2020)

Durch die gemütliche Atmosphäre bieten die Filialen die Möglichkeit sich eine Zeit lang aus dem stressigen Alltag zurück zu ziehen und sich alleine oder mit Freunden bei Kaffee und Gebäck zu entspannen. Kunden nutzen diese Möglichkeit in normalen Zeiten täglich tausendfach in 30.000 Filialen in 80 Ländern. 2020 wird schwierig, denn nach dem Neustart könnte es evtl. zeitweise zu Engpässen in den Lieferketten kommen, die Kaffeebohnen baut das Unternehmen aus Seattle ja schließlich nicht im Hinterhof an.
Starbucks ist und bleibt eine starke Marke und wird nach der Krise ganz schnell wieder in den Alltag vieler Kaffeeliebhaber integriert.

Konsumgüter Non Food

Accell **Kurseinbruch zum 52 Wochen hoch: über 55 %**

WKN: A1JADL

ISIN: NL0009767532

52 Wochen Hoch 29,15 (19.02.2020)

52 Wochen Tief 12,14 (17.03.2020)

In Zeiten des Klimawandels stellt das Unternehmen ein gefragtes Produkt her: Fahrräder. Mit 20 Standorten in Europa und Asien sind die Niederländer einer der größten Fahrradhersteller der Welt. 2017 wollte Konkurrent PON die Holding übernehmen, zusammen wäre man wohl zur weltweiten Nummer 1 aufgestiegen. Damals war eine Einigung nicht möglich, durch die Krise könnte sich die Situation

verändert haben. So oder so, Accell hat eine Produkt das jeder versteht, das im normalen Alltag millionenfach genutzt wird und auch noch klimafreundlich ist.
Hier bekommt man einen Branchenriesen zum Schnäppchenkurs.

Adler Modemärkte **Kurseinbruch zum 52 Wochen hoch: über 45 %**
WKN: A1H8MU
ISIN: DE000A1H8MU2
52 Wochen Hoch 5,16 (24.02.2020)
52 Wochen Tief 2,62 (01.04.2020)

Zielgruppe von Adler ist der Kunde 50+. Blöd nur, das diese Gruppe gerade nicht nur daheim bleiben muss, sondern auch zu dem gefährdeten Personenkreisen gehört. Des Weiteren ist Onlinehandel in der Zielgruppe nicht so stark verbreitet wie z.B. bei den jungen H&M Kunden. Auch hier werden die Frühjahrs- und Sommerkollektionen wohl nicht so gut laufen. Vorteil von Adler ist aber ganz klar der Fokus auf die eine Zielgruppe, denn wenn alles wieder seinen gewohnten Gang geht, müssen sich die anderen Modeketten wie H&M, Primark, C&A, KIK und Co. um ihre jüngere Zielgruppe wohl einen Preiskampf liefern. Wann und wie hoch der Mode Adler an der Börse wieder fliegen wird, ist sehr schwer zu sagen. Die Spezialisierung auf eine durch den demografischen Wandel wachsende Zielgruppe ist klug. Ob dieser Aspekt und lange Markterfahrung langfristig reichen wird sich zeigen. Eine Übernahme durch einen Konkurrenten zur Zielgruppenerweiterung ist auch ein denkbares Szenario.

Colgate-Palmolive **Kurseinbruch zum 52 Wochen hoch: ca. 25 %**
WKN: 850667
ISIN: US1941621039
52 Wochen Hoch 71,20 (11.02.2020)
52 Wochen Tief 54,53 (26.03.2020)

Die Produkte des 1806 gegründeten Unternehmens sind weltweit bekannt. In Deutschland sind die wohl bekanntesten Produkte die Zahnpasta Colgate und das Geschirrspülmittel Palmolive. Letzteres stammt ursprünglich von dem Unternehmen

Palmolive Peet Company mit dem Colgate 1928 fusionierte und das heute als Colgate-Palmolive Company bekannt ist.
Mit einem Jahresumsatz von über 15 Milliarden US Dollar sind die New Yorker einer der größten Hersteller für Drogerie- und Haushaltsartikel. Rund 60 % des Umsatzes entfallen auf den Bereich Körperpflege und Mundhygiene, ca. 28 % auf Haushaltsreinigungs- und Textilpflegeprodukte und ca. 12 % auf Tiernahrung.
Mit der Übernahme der schweizerischen Gaba Gruppe wurden die Marken Elmex und Meridol zur Produktpalette hinzugefügt.
Die Drogerieartikel-Branche ist ein hart umkämpftes Feld. Seiner Zeit begann alles in den Staaten mit Seifenopern und Konkurrent Procter & Gamble. Diese wurden nämlich durch das Sponsoring der Drogerieunternehmen finanziert. Das zog sich auch in Europa durch verschiedene Produktsparten, z.B. der direkte Kampf um Marktpositionen bei Waschmitteln mit dem deutschen Hersteller Henkel.
Die New Yorker sind mit ihren Produkten hinsichtlich Qualität und Markenbekanntheit fest etabliert. Da Drogerie- und Supermärkte während der Krise in eigentlich allen Ländern als Systemrelevant eingestuft wurden und damit geöffnet bleiben durften, sollten die Umsätze des Unternehmens nicht dramatisch eingebrochen sein. Der Aktienkurs verhielt sich da, in Sippenhaft genommen, aber deutlich anders. Aus meiner Sicht eröffnet sich hier in einer krisenfesten und konservativen Branche eine schöne Möglichkeit, kurzfristig Aktien deutlich vergünstigt ins Depot zu legen und durch die Erholung der Märkte in den kommenden Monaten schöne Gewinne mitzunehmen.

ElringKlinger **Kurseinbruch zum 52 Wochen hoch: über 60 %**
WKN: 785602
ISIN: DE0007856023
52 Wochen Hoch 9,43 (12.12.2019)
52 Wochen Tief 3,43 (16.03.2020)

ElringKlinger ist klassischer Automobilzulieferer. Im Bereich Zylinderkopfdichtungen ist das Unternehmen mit jährlich rund 30 Millionen verkauften Stücken sogar Weltmarktführer.
Jetzt kann man sich ja folgende Frage stellen: warum sollte man sich einen Zulieferer für eine Autotechnologie ins Depot legen, die bald überholt sein sollte? Grundsätzlich

verständlich, ist aber wohl etwas zu kurz gedacht. Denn Technologisch sind wir im Wandel, aber dieser passiert nicht von heute auf morgen.
Des Weiteren denkt man in Regierungskreisen ja aktuell schon über eine neue Art Abwrackprämie nach, um den wirtschaftlich bedeutenden und wichtigen heimischen Automobilsektor zu unterstützen. Die Baden-Württemberger sind dann als Zulieferer für diverse Hersteller sicher einer der Profiteure.
Außerdem hat das Unternehmen eine über 600 Mitarbeiter starke Forschungs- und Entwicklungsabteilung. 2019 flossen mehrere Millionen Euro in die Entwicklung neuer Antriebstechnologien, unter anderem Brennstoffzellen. Diese gelten als ökologisch sehr sinnvoll und würden nicht nur im Automobilsektor zur Anwendung kommen. Ende 2019 entwickelte sich an der Börse ein regelrechter Hype um dieses Thema, bekannte Konkurrenten sind auf diesem Gebiet z.B. PowerCell und Ballard Power.
Der Börsenkurs ist im Zuge der Krise völlig unter die Räder gekommen. Aufgrund genannter Gründe ist ElringKlinger ein aussichtsreicher Kandidat für eine gute und konstante Kurserholung mit Fantasie für die Zukunft.

EssilorLuxottica **Kurseinbruch zum 52 Wochen hoch: ca. 40 %**

WKN: 863195

ISIN: FR0000121667

52 Wochen Hoch 145,45 (20.01.2020)

52 Wochen Tief 88,42 (16.03.2020)

Essilor ist ein Glashersteller, Luxottica vertreibt Fassungen, unter anderen auch RayBan. Die Fusion war schon schlau, 2019 wurde bekannt gegeben, dass der Konzern auch noch einen der weltgrößten Optiker, die GrandVision Group übernehmen möchte. In Deutschland gehört dazu, mit über 800 Filialen, Apollo. In Österreich und Spanien sind es Pearl. Weltweit ist die Gruppe in über 40 Ländern vertreten. Wie auch zu Fielmann geschrieben: Handwerk hat goldenen Boden, dieser Konzern hat außerdem ein weltweit agierendes Vertriebsnetz und starke Marken wie RayBan im Köcher.

Fielmann **Kurseinbruch zum 52 Wochen hoch: ca. 45 %**

WKN: 577220

ISIN: DE0005772206

52 Wochen Hoch 76,20 (13.02.2020)

52 Wochen Tief 42,06 (19.03.2020)

Branchen: medizinische Versorgung, Konsum / Einzelhandel

Die deutsche Optikerkette hat am 20.03.2020 bekannt gegeben, dass alle Filialen bis auf weiteres nur noch unter Notbesetzung arbeiten. Um dem Auftrag der Gesundheitsversorgung einerseits nachzukommen, andererseits aber auch die Mitarbeiter und Kunden zu schützen. 2019 wurden 8,28 Millionen Brillen in 776 Niederlassungen verkauft. Den täglichen Verlust in der Krise kann man sich da ungefähr selber ausrechnen.

Die Augenoptik ist heutzutage natürlich auch Einzelhandel, denn Sonnenbrillen von RayBan und Co., Kontaktlinsen und entsprechendes Pflegemittel, Brillenetuis und sonstige Artikel wandern in den Filialen täglich hundertfach über die Ladentheke. Eines ist Fakt und hier liegt auch eine der Stärken gegenüber der Onlinekonkurrenz: die Augenoptik ist heute auch stark von Einzelhandelsfaktoren beeinflusst, aber es handelt sich auch immer noch um ein Handwerk.

Hier kann man relativ sicher sagen: aufgeschoben ist nicht aufgehoben. Wer während der Krise nicht zum Optiker konnte, der wird danach wieder kommen. Eine optimale Sehversorgung hat auf jeden Fall Priorität. Fielmann wird die Krise spüren, aber auf Grund der flächendeckenden Marktpräsenz schnell zu alter Stärke zurückfinden.

H&M **Kurseinbruch zum 52 Wochen hoch: über 50 %**

WKN: 872318

ISIN: SE0000106270

52 Wochen Hoch 20,04 (31.01.2020)

52 Wochen Tief 8,88 (18.03.2020)

Branchen: Mode, Einzelhandel, E-Commerce

Die Schweden vertreiben Mode und Wohnaccessoires im eigenen Filialnetz und über den eigenen Onlineshop. Sonderkollektionen von seiner Zeit Karl Lagerfeld bis jüngst Moschino locken überwiegend junges Publikum in die Geschäfte und auf die

Homepage. Dies hat während der Krise den großen Vorteil, dass die Zielgruppe mit dem Internet umzugehen weiß. Wer allerdings wegen Ausgangssperre daheim bleiben muss, der braucht für „Balkonien“ auch nicht im vollen Umfang neue Kleidung. Oder anders ausgedrückt: die Frühlings- und Sommerkollektionen werden zwar einen gewissen Abnehmerkreis finden, aber die Umsätze werden bei weitem nicht so hoch sein wie in den Jahren zuvor. Nachholbedarf wird es hier auch nicht geben, da es sich um Saisonwaren handelt. 2020 wird kein gutes Jahr werden, wie gut oder schlecht kann man aber erst rückblickend beantworten. Langfristig orientierten Anlegern bietet sich hier eine gute Kaufgelegenheit da H&M in Europa ein starker Spieler mit reichlich Erfahrung ist und seit einigen Jahren seinen nachvollziehbaren turn around eingeläutet hat.

Kering **Kurseinbruch zum 52 Wochen hoch: ca. 45 %**

WKN: 851223

ISIN: FR0000121485

52 Wochen Hoch 612,60 (17.01.2020)

52 Wochen Tief 340,05 (18.03.2020)

Ursprünglich wurde Kering unter dem Namen Pinault-Gruppe gegründet und war in der Baustoff- und Holzbranche tätig. Erst 1991 änderte der Konzern durch die Übernahme eines Möbelherstellers seine Strategie hin zum Einzelhandel. Nach jahrelangem Rechtstreit mit LVHM um Gucci, übernahm Kering deren Anteil und hält damit über 50 % an dieser Marke. Unter dem Dach der Franzosen sind außerdem noch die Mode- und Accessoires-Marken Saint Laurent, Bottega Veneta, Balenciaga, Alexander McQueen und Brioni vereint. Mit Boucheron ist man außerdem im lukrativen Armbanduhren-Sektor und durch Kering Eye Wear in der Augenoptik durch Fassungen und Sonnenbrillen z.B. von Gucci mit dabei. Mit über 15 Milliarden Euro Jahresumsatz ist der Konzern ein Schwergewicht im Bereich Luxusgüter und die wachsende, finanzstarke Mittel- und Oberschicht in Asien liebt die Artikel der Pariser.

Der Luxusartikel Einzelhandel wird 2020 natürlich auch eine Umsatzdelle bekommen. Die durch die Krise belasteten Seelen wohlhabender Käuferschichten möchten aber auch wieder Erholung finden, da geht doch nichts über Shopping, gerade auch im angesprochenen asiatischen Raum. Und wenn die Krise erstmal aus den

Alltagsgedanken der Konsumenten raus ist, wird sowieso wieder ordentlich geshoppt, Luxus verkaufte und verkauft sich immer…

StanleyBlack&Decker **Kurseinbruch zum 52 Wochen hoch: ca. 55 %**

WKN: A1CTQA

ISIN: US8545021011

52 Wochen Hoch 154,98 (20.01.2020)

52 Wochen Tief 66,79 (18.03.2020)

Kennen sie noch diese Fernsehwerbung mit der dunklen männlichen Stimme, die zum Schluss des Spots immer sagte: „Black und Decker, Black und Decker, Black und Decker"? Die Stimme klingt mir heute noch im Ohr, hat den Amerikanern aber auf dem deutschen Markt leider kaum etwas gebracht. Die Platzhirsche hier sind noch immer Bosch und Metabo.

In den Staaten ist StanleyBlack&Decker aber der absolute Platzhirsch. Unter dem Dach des bereits 1843 gegründeten Unternehmens findet man einige Marken: neben der Hauptmarke Black&Decker gibt es noch DeWalt, Facom, USAG, Sargent and Greenleaf, Piranha und Craftsman. Alle zusammen erwirtschafteten in 2019 einen Jahresumsatz von über 14 Milliarden US Dollar.

Der Werkzeug- und Zubehörmarkt ist hart umkämpft, aber gerade hier achten die Kunden extrem auf Qualität. Da gibt der Kunde dann tatsächlich mehr aus, bekommt dafür aber ein hochwertiges Werkzeug mit entsprechendem Zubehör. Das Resultat für das Unternehmen sind hohe Kunden-Marken-Bindungen und steigende Umsätze in einem Wachstumsmarkt. Denn Heimwerken war noch nie so beliebt wie in den letzten Jahren, den zahlreichen Do-It-Yourself Printmedien und Youtube-Videos sei Dank. Und dieser Trend soll sich in den nächsten Jahren fortsetzen.

Dazu wird, gerade im Heimatmarkt USA, noch ein ganz wichtiger Faktor hinzukommen: Heimwerken ist, trotz Anschaffung von Maschinen, günstiger als eine Firma zu beauftragen. Schon vor der Krise zeigten Studien, dass bei 40 % aller US-Haushalte eine ungeplante Ausgabe über 400 US Dollar (ca. 350 Euro) schon zu finanziellen Schwierigkeiten führt. Die Folgen der Corona Krise dürften die Situation da noch verstärken. Reparaturen am Haus und im Garten werden in Zukunft wohl eher selbst durchgeführt werden müssen. Schließlich kann man den neuen Bohrhammer ja auf

„Pump" kaufen und das Gerät dann dem Nachbarn/Verwandten leihen, der hat ja eine neue Kreissäge die er verleihen würde…

Ich glaube, dass die angepeilten Jahresumsätze von 22 Milliarden US Dollar für 2022 wohl nicht zu halten sein werden. Der aktuell hohe Cashflow, die zu erwartende steigende Nachfrage und eine regelmäßige Dividende sind für mich nach dem krassen Kursabsturz aber klare Einstiegsargumente. Bis das Ausmaß der Krise in den USA halbwegs abzuschätzen ist, können Kursrücksetzer dennoch durchaus möglich sein.

V.F. Corp **Kurseinbruch zum 52 Wochen hoch: über 45 %**

WKN: 857621

ISIN: US9182041080

52 Wochen Hoch 90,35 (27.12.2019)

52 Wochen Tief 43,18 (23.03.2020)

Branchen: Zulieferer Textil, Kosum, Mode, Einzelhandel, Großhandel

Haben sie von diesem Unternehmen schon mal was gehört? Nein. Ok, nicht schlimm, aber die Marken Eastpak, The North Face und Timberland kennen sie sicher. Außerdem ist das Unternehmen aus North Carolina in den USA Weltmarktführer für Jeanshosen, Arbeitsbekleidung und Rucksäcke. Grundsätzlich wird 2020 auch für V.F. ein schweres Jahr, aber Jeanshosen und Arbeitsbekleidung sind im normalen Alltag immer gefragt und die Amerikaner wissen durch ausgeklügelte EDV-Marktanalyse ziemlich gut was, wo und in welcher Farbe und Größe gefragt ist. Als langfristige Anlage auf jeden Fall top.

Dienstleister

CTS Eventim **Kurseinbruch zum 52 Wochen hoch: über 50 %**

WKN: 547030

ISIN: DE0005470306

52 Wochen Hoch 61,40 (24.01.2020)
52 Wochen Tief 25,96 (18.03.2020)

Das Unternehmen ist der deutsche Marktführer für Ticketvertrieb. Egal ob Konzert, Theater, Comedy oder Sport, wenn man Tickets für ein Live Event braucht ist Eventim irgendwie involviert. In der Krise steht alles still und die 2012 übernommene Lanxess Arena in Köln wird auch noch zum Kostenfaktor. 2020 ist gelaufen, einzelne Virologen raten sogar vor größeren Veranstaltungen bis Mitte 2021 ab, ob das so kommt wird sich noch zeigen. Dazu kommt: aufgeschoben ist nicht aufgehoben. Für viele Veranstaltungen die in der Krise ausgefallen sind wurden schon Nachholtermine angekündigt. Das drückt erstmal den Neuabsatz, Stornierungen hätten aber Provisionsrückzahlungen bedeutet, dass hätte die Cash-Bestände stark belastet. Sobald es wieder zu Live Events kommt wird an dem Branchenprimus mit seinem riesigen Netz an Vorverkaufsstellen und der eigenen ausgereiften Onlineplattform wieder kaum jemand vorbeikommen. Die Aktie wird wohl sicher wieder bessere Zeiten sehen, je schneller der Alltag zurückkehrt, desto schneller auch die Kurserholung.

MercadoLibre **Kurseinbruch zum 52 Wochen hoch: ca. 45 %**
WKN: A0MYNP
ISIN: US58733R1023
52 Wochen Hoch 696,40 (20.02.2020)
52 Wochen Tief 382,35 (23.03.2020)

Während ich diese Zeilen schreibe ist es kurz nach Ostern und es ist wohl abzusehen, dass Europa sich langsam wieder öffnen wird und die Wirtschaft langsam und in sehr kleinen Schritten wieder in Gang kommen soll. Aus den Staaten bzw. aus dem Weißen Haus kommen immer abstrusere Meldung und die Arbeitslosenzahlen steigen und steigen. Die Börsen sind nervös, aber eine bestimmte Aktie schraubt sich aktuell von einem neuen Allzeithoch zum nächsten: Amazon. Aber was hat das mit MercadoLibre zu tun?
Ganz einfach: MercadoLibre ist das Amazon von Südamerika, also eine Plattform auf der man so gut wie alles verkaufen und kaufen kann. Und das vor allem

Länderübergreifend in 18 Staaten, darunter Argentinien, Brasilien und in Mexiko, direkt vor der Haustür von Amazon.
Mit einer Marktkapitalisierung von ca. 25 Milliarden Euro sind die Argentinier neben den beiden Giganten Amazon und Alibaba noch ein Zwerg, die Betonung liegt dabei ganz klar auf noch. Denn trotz der zum Teil chaotischen Regierungs- und Wirtschaftsverhältnisse in Südamerika entwickelt sich die Region natürlich auch weiter. MercadoLibre hat Millionen aktive Kunden und dabei noch ein weiteres Ass im Ärmel: Das Unternehmen hat ein integriertes Onlinebezahlsystem, Mercadopago. Das schlägt in den Nutzungszahlen mittlerweile westliche Konkurrenten wie Paypal und Google Pay. Südamerika lässt sich in der wirtschaftlichen Entwicklung nicht mit Nordamerika, Europa und Asien vergleichen. Aber gerade deswegen ist MercadoLibre als Platzhirsch in den 18 Ländern eines der herausragenden Beispiele, die die Entwicklung im Online-Handel und elektronischen Zahlungsverkehr vorantreibt und dabei selbst enorm profitiert. Wenn ich die Möglichkeit einer Börsenzeitreise hätte, würde ich mir Amazon kaufen. Jetzt besteht die Möglichkeit sich MercadoLibre, im Verhältnis zum zu erwartenden Potential, sehr günstig ins Depot zu legen.

Scout24 **Kurseinbruch zum 52 Wochen hoch: über 30 %**

WKN: A12DM8

ISIN: DE000A12DM80

52 Wochen Hoch 66,60 (19.02.2020)

52 Wochen Tief 42,24 (15.05.2019)

Die Scout24 Gruppe betreibt Online-Plattformen für Kleinanzeigen. Nachdem die Münchener sich in allen möglichen Bereichen probiert hatten, unter anderem eine Jobplattform und eine Singlebörse, hat man sich jetzt wohl auf die umsatzstärksten Portale verkleinert und den Rest überwiegend verkauft.
Heute kennt man die Gruppe primär für AutoScout24 und Immobilienscout24. Dazu gibt es noch MotoScout24, auf der monatlich mehrere zehntausend Motorräder angeboten werden.
Scout24 ist aber nicht nur in Deutschland zu finden. Unter der jeweiligen Top-Level-Domain ist man in 14 weiteren Ländern in Europa, sowie Russland und der Türkei tätig.

Das MDax notierte Unternehmen schafft durch die länderübergreifenden Plattformen eine enorme Käufernachfrage, was insbesondere für Autohändler und Makler eine gute Angebotsmöglichkeit darstellt. Gerade in und nach der aktuellen Krise wird für viele Standortgebundene Händler die Möglichkeit des überregionalen anbieten ein wichtiger Umsatzaspekt sein / werden. Die stetig wachsenden Zugriffzahlen der letzten Jahre zeigen klar, dass die Kunden, gerade bei Fahrzeugen und Immobilien, die Möglichkeit der Onlinesuche wünschen. Das wiederum bringt kostenpflichtig gebuchte Anzeigen, da die Anbieter einen tatsächlichen Umsatzmehrwert haben. Eine Win-Win-Win Situation. Das spiegeln die Jahresumsatzzahlen und nicht zuletzt auch der positive Aktienkurs der letzten Jahre wieder.
Das Unternehmen dürfte durch die Krise als reiner Dienstleister, ohne eigenen Warenbestand und damit verbundenen Kosten, als ein Gewinner hervorgehen. Online Anzeigen werden kräftig gebucht und bald eventuell sogar noch stärker, wenn die Privathaushalte aufgrund von Kosteneinsparungen vermehrt über gebrauchte Fahrzeuge nachdenken bzw. noch bewusster die Preise vergleichen wollen.

Zalando **Kurseinbruch zum 52 Wochen hoch: ca. 45 %**

WKN: ZAL111

ISIN: DE000ZAL1111

52 Wochen Hoch 49,05 (20.02.2020)

52 Wochen Tief 27,88 (23.03.2020)

Zum Schreien waren vielen Nachrichten in der Krise tatsächlich, aber leider nicht vor Glück. Nachdem der normale Alltag immer weiter eingeschränkt wurde, waren Online-Anbieter wie Zalando die vermeintlichen Gewinner. Vordergründig schon, aber auch bei den Berlinern wurde schnell klar: wer nicht rausgeht der braucht keine neuen Outfits… oder zumindest deutlich weniger als gedacht.
Mittlerweile ist Zalando zum Glück aber keine kleine Nummer mehr, sondern ist europäischer Marktführer im Online-Modehandel. Mehrere größere Logistikstandorte in Deutschland, sowie Italien, Frankreich und Polen sorgen im normalen Alltagsgeschäft für reibungslose Abläufe. Trotz der zahlreichen Rücksendungen erwirtschaftet das Unternehmen rund 6,5 Milliarden Euro im Jahr.

Durch jede Rücksendung eines nicht gekauften Produkts lernt der integrierte Algorithmus aber dazu. Des Weiteren werden alle Klicks auf der Homepage penibel ausgewertet und wenn möglich mit dem Kundenprofil verknüpft. Dieses Art „Big Brother“ bringt dem Dienstleister langfristig enorme Vorteile und Umsatzpotential. In der Kundenkommunikation via Newsletter und auch Modevorschläge auf der Homepage werden gezielt auf den jeweiligen Nutzer zugeschnitten. Das Ergebnis ist mehr Umsatz = der Kunde ist zufriedener, denn er findet was er sucht und die Rücksendequote, also die Kosten, werden gesenkt.

Durch die Krise läuft es natürlich nicht so wie es sollte, die Prognosen für 2020 wurden im März schon nach unten revidiert. Nichts desto trotz hat die Zalando-Unternehmensführung seine Hausaufgaben in den letzten Jahren gemacht und das Unternehmen vom kleinen Start Up zum Marktführer aufgebaut. Die Krise werden Konkurrenten mit Filialnetzen und kleinere Einzelhändler deutlicher zu spüren bekommen. Je nachdem wie lange die Krise dauert könnte dies innerhalb der Modebranche sogar noch zu einer Insolvenzwelle der kleineren Anbieter führen. Das ist nicht schön und wird so hoffentlich nicht eintreten, Nutznießer der Situation wird da aber nicht zuletzt auch Zalando sein.

Zahlungsabwickler / Banken / Versicherungen

Allianz **Kurseinbruch zum 52 Wochen hoch: 50 %**

WKN: 840400

ISIN: DE0008404005

52 Wochen Hoch 232,55 (21.02.2020)

52 Wochen Tief 116,06 (18.03.2020)

Der bayrische Versicherungskonzern zählt, was den Umsatz und die Rendite angeht, zu den größten der Welt. Der 1890 gegründete Konzern hat in seiner Historie schon das eine oder andere erlebt: Erster und zweiter Weltkrieg, diverse Regierungsformen in Deutschland, Hyperinflation, Währungsreformen, Wirtschaftskrisen, aber auch alle historischen Börsen-Crashs seit 1927

Die Corona-Krise 2020 ist aus dem wirtschaftlichen Blickwinkel gesehen für den Konzern keine „große“ Sache, dennoch wurde er massiv abgestraft.
Aus meiner Sicht gibt es einige Gründen, die für eine rasche Erholung des Kurses sprechen:

1. Eine Haftung als Versicherer kommt kaum bis gar nicht zum Tragen, in den meisten Policen sind stillstehende Fabriken und abgesagte Events durch übertragbare Krankheiten, Seuchen und Epidemien nicht gedeckt.
2. Der Konzern durchläuft gerade einen strukturellen Umbau oder einfacher ausgedrückt: Personalkosten sollen eingespart werden.
3. Der Blick nach Osten weckt große Umsatzhoffnungen, denn China öffnet sich immer weiter und ist ein gigantischer Markt
4. Der Zusammenschluss Allianz Real Estate mit Pimco macht aus dem Immobiliengiganten einen regelrechten Titan.
5. Der Versicherer hält wohl an der Dividende fest. Die alleine schlägt Bankkonto, Bundesanleihen etc. um Längen.

Die Allianz ist im Verhältnis zur Größe und Umsatz deutlich unterbewertet, der Kursabsturz ist eine der Top Einstiegschancen des Jahres 2020.

Goldman Sachs **Kurseinbruch zum 52 Wochen hoch: ca. 50 %**
WKN: 920332
ISIN: US38141G1040
52 Wochen Hoch 225,05 (17.01.2020)
52 Wochen Tief 123,54 (19.03.2020)

Dieser Bank eilt so mancher Ruf voraus, vor allem aber, dass sie die Finanzmärkte kennen und ihre Instrumente beherrschen. Zu den Kunden zählen ausschließlich Unternehmen und Staaten. Die Kontakte durch ehemalige Mitarbeiter spannen ein weltweites Netz in Politik und Wirtschaft. Dadurch eröffnen sich selbstverständlich Möglichkeiten schneller als die Konkurrenz an Informationen zu gelangen. In Europa wären Prominente Ex-Goldman Sachs Mitarbeiter z. B. Mario Draghi (EZB) und Mario Monti (ehemaliger italienischer Ministerpräsident). Die genauen Geschäftsabläufe der Bank sind für Laien eher schwer nachzuvollziehen. Der Jahresumsatz 2019 von über 36 Milliarden Dollar zeigen aber sehr wohl, dass die Bänker ihr Geschäft verstehen. Der

Kurs hat sich nahezu halbiert, schaut man sich den historischen Chart an, ist jetzt genau die richtige Marktphase um sich einige günstige Anteile zu sichern, denn wenn die Märkte steigen verdient Goldman in der Regel mit.

Paypal **Kurseinbruch zum 52 Wochen hoch: über 30 %**

WKN: A14R7U

ISIN: US70450Y1038

52 Wochen Hoch 115,00 (19.02.2020)

52 Wochen Tief 77,37 (23.03.2020)

1998 war ein damals noch unbekannter Techniknerd mit den Möglichkeiten des Zahlungsverkehrs unzufrieden. Onlinehandel ging weltweit sehr schnell, man musste mitunter aber tagelang warten, bis der Verkäufer den Geldeingang per Überweisung bestätigte und erst dann ging die Ware auf die Reise zum Käufer. Das dauerte alles viel zu lange, das müsste doch schneller gehen. Nach einigen Wochen des Nachdenkens war Paypal geboren und sein Miterfinder sorgt heute noch für reichlich Schlagzeilen: Elon Musk.

Schnell wurde eine Zusammenarbeit mit ebay bekanntgegeben, denn für die Auktionsplattform konnten die Abwicklungen nicht schnell genug gehen. Nachdem das Konzept aufging wollte ebay sich den Zahlungsabwickler exklusiv sichern und bot Musk 2002 eine damals astronomische Summe von 1,5 Milliarden Dollar. Der Rest ist Geschichte... Heute ist Paypal ein börsennotiertes Unternehmen und hat sich von der einstigen Mutter ebay gelöst. In der westlichen Welt ist Paypal als Online-Zahlungsabwickler eigentlich nicht mehr wegzudenken. Bemitleidenswerte Versuche eigene Dienstleister zu etablieren wurden in Deutschland von der Deutschen Post und einigen Banken schnell wieder eingestampft und dafür wieder Paypal integriert. Was viele nicht wissen: Paypal hat eine Banklizenz, daher sind die Abwicklung durch Behörden reguliert, werden geprüft und eine Grundkapital-sicherung ist vorhanden.

Paypal ist in einem Zukunftsmarkt dominant, denn schon heute kann man in über 200 Ländern und mehr als 100 Währungen Geld online versenden. Und gerade in der Krise werden viele Kunden merken, wie einfach und sicher Zahlungsabwicklung von Zuhause sein kann... weiteres Wachstum ist da vorprogrammiert.

Wirecard **Kurseinbruch zum 52 Wochen hoch: über 50 %**

WKN: 747206

ISIN: DE0007472060

52 Wochen Hoch 162,15 (29.05.2019)

52 Wochen Tief 79,88 (16.03.2020)

Ach was waren das noch Zeiten, in denen die Presse immer wieder von den Zankereien zwischen den Aschheimern und der Financial Times (FT) berichtet hat und von der Krise noch keiner etwas ahnte. „Ihr habt da was nicht richtig abgerechnet", „haben wir doch", „habt ihr nicht", „haben wir doch",... hatte manchmal was von Kindergarten. Böse Zungen behaupten ja, dass an dem hin und her im Hintergrund jemand kräftig verdient hat. Wirecard wurde es dann aber irgendwann zu bunt, der bereits stark angekratzte gute Ruf des Unternehmens sollte schließlich wieder hergestellt werden: KPMG soll durch eine Bilanzsonderprüfung das Unternehmen von den Vorwürfen der FT endgültig entlasten. Während ich diese Zeilen schreibe steht das Ergebnis noch aus. Fakt ist aber, dass der Ruf des Zahlungsdienstleisters seit den ersten Vorwürfen enorm gelitten hat und kein Unternehmen aus der gleichen Branche derart starken Kursschwankungen unterlag. In der Krise ist Wirecard auch, z.B. im Verhältnis zu Konkurrent Adyen, deutlich stärker abgestraft worden. Wenn man sich die Branche anschaut völlig zu unrecht. Der Dax Konzern ist als Zahlungsabwickler, also Schnittstelle zwischen dem Onlinehändler und dem Kunden in einem absoluten Zukunftsmarkt tätig. Des Weiteren schließt man trotz offener Vorwürfe eine Kooperation nach der anderen ab, gewinnt also ständig neue Kunden dazu. Und die japanische Softbank findet das was der Abwickler macht so gut, dass sie sich ein größeres Aktienpaket mitten im Streit Wirecard / FT gesichert hat.

Drei gute Gründe für Wirecard: 1. extrem zukunftsträchtige Branche. 2. Man holt sich nicht freiwillig die Katze (KPMG) ins Haus, wenn man befürchten müsste, dass das nicht gut ausgeht. 3. Softbank kauft sich ein und neue Kunden wollen trotz Vorwürfe mit Wirecard arbeiten.

Fazit: Fällt der KPMG Bericht positiv aus ist der Weg frei, denn dann geht der Kurs ganz klar zurück zu alten Höchstständen. Sollte der Bericht wider Erwarten negativ ausfallen und der Kurs noch weiter sinken, ist Wirecard eventuell sogar ein Übernahmekandidat. Denn die vorhandenen Aufträge und Vertriebsstrukturen sind in Zukunft wohl noch mehr

Geld wert und könnten entsprechend implementiert werden. Für den Anleger eigentlich eine Win-Win-Situation.

Logistik

Deutsche Post / DHL **Kurseinbruch zum 52 Wochen hoch: ca. 45 %**

WKN: 555200

ISIN: DE0005552004

52 Wochen Hoch 34,99 (16.12.2019)

52 Wochen Tief 18,91 (18.03.2020)

Der Konzern ist erst durch Privatisierung 1995 als börsennotiertes Unternehmen entstanden. Dieser Schritt eröffnete dem Unternehmen die Möglichkeit einer neuen Ausrichtung und Umstrukturierung. Einen Beamtenstatus zu erlangen war nicht mehr möglich und der Konzern teilte sich seiner Zeit in Deutsche Post und DHL. In den Filialen gab es zudem noch die Postbank, welche 2010 durch die Deutsche Bank übernommen wurde.

Der immer stärker werdende Onlinehandel zwang letztendlich auch die Logistikkonzerne zu Veränderungen. Die Bonner arbeiten seit Jahren über die DHL Supply Chain z.B. eng mit Amazon in Deutschland und anderen europäischen Ländern zusammen. Heißt vereinfach, dass die Waren durch die hauseigenen Luftfracht- und Güterverkehrsparten zu den speziellen Logistikstandorten transportiert werden und dort für den Endkunden die Bestellungen verpackt und ausgeliefert werden. Dieser Geschäftszweig ist mittlerweile eine der tragenden Säulen im Alltagsgeschäft geworden.

Das ist gut so, denn durch das rasante Wachstum der Nutzung von elektronischer Kommunikation, die gerade auch zunehmend in offiziellen Stellen und Behörden Akzeptanz findet, ist die Briefsparte stark rückläufig und wird weiterhin an Boden verlieren.

Schon vor Jahren wurde damit begonnen kleinere Filialen zu schließen oder, gerade in ländlichen Gegenden, in andere Ladenlokale zu integrieren. Durch das

flächendeckende Netz von Packstationen bekommen Kunden außerdem die Möglichkeit rund um die Uhr flexibel und sicher auf ihre Lieferungen zugreifen zu können. Das Unternehmen hat dadurch deutliche Kosteneinsparungen durch geringeren Personalstand hat.
Der weltweit agierende Logistikgigant hat ausgefeilte Systeme, einen hervorragenden Ruf und erzielt einem Jahresumsatz von über 63 Milliarden Euro. Die Sparte DHL Supply Chain dürfte in den nächsten Jahren weiter an Bedeutung gewinnen, denn der seit Jahren wachsende Onlinehandel hat durch die Krise nochmals einen deutlichen Schub erhalten.

HHLA **Kurseinbruch zum 52 Wochen hoch: über 60 %**

WKN: A0S848

ISIN: DE000A0S8488

52 Wochen Hoch 25,34 (14.11.2019)

52 Wochen Tief 9,71 (19.03.2020)

„Hamburg ist das Tor zur Welt..." Ja, zumindest eines und der Hamburger Hafen ist hinter Rotterdam und Antwerpen als drittgrößter Umschlaghafen in Europa sogar ein sehr wichtiges Tor. Mit seinem angebundenen Logistiknetz eröffnet er für ganz Deutschland die Möglichkeiten benötigte Güter und Waren zu importieren und fertige Produkte zu exportieren. Während der Krise herrscht in den drei Hafenbereichen, in denen 2019 7,6 Millionen Container umgeschlagen wurden, eher Langeweile und Müßiggang. Wenig bis gar nichts kommt herein, da kaum Güter gefragt sind und da kaum Produktion stattfindet, geht auch kaum etwas heraus. Das wird aber nach der Krise wieder anders und dann sind die Hamburger Logistik Profis gefragter denn je.
Der schwache Kurs spiegelt das verhagelte Jahr 2020 wider. Wird wieder umgeschlagen, dann zeigt sich das auch in steigenden Kursen.

Tourismus

Booking Group **Kurseinbruch zum 52 Wochen hoch: ca. 45 %**

WKN: A2JEXP

ISIN: US09857L1089

52 Wochen Hoch 1.884,00 (10.01.2020)

52 Wochen Tief 1.045,60 (23.03.2020)

Einreiseverbote, Hausarreste, Quarantänen, stillgelegte Passagierflugzeuge und die bangen Fragen: wie lange wird das noch so weitergehen und haben die Menschen danach überhaupt noch Lust und Geld zu reisen? Einfache Antwort: zur Dauer kann keiner was sagen, Urlaub wird aber wieder gemacht werden, vor allem nachdem man wochenlang nur seine eigenen vier Wände und vielleicht noch das eigene Viertel gesehen hatte. Die Menschen wollen dann wieder raus und was erleben. Pauschalreisen mit All-In wird wohl aus Kostengründen die meistgebuchte Art des Urlaubs werden. Wenn nicht ist das für die Amsterdamer auch nicht schlimm, man kann ja schließlich Flug und Hotel auch einzeln buchen. Ebenso Ferienwohnungen / Apartments. Damit es nicht langweilig wird außerdem auch Ausflüge, Taxi, Mietwagen, etc. und das Schöne: für jede einzelne Buchung kassiert Booking eine Provision. Ach ja, die Seite gibt es natürlich nicht nur in deutscher und englischer Sprache. In über 40 Sprachen kann jeder sein individuelles Reiseziel, egal wo auf der Welt finden.

Und jetzt kommt das Beste, zumindest für Booking: durch die Krise wird wohl der eine oder andere Standortkonkurrent unter die Räder gekommen sein und dazu lernt die ganze Welt wie einfach und schön Internetkonsum ist…

Booking geht´s wie TUI und CTS Eventim: Zum einem liegt Tourismus auf unbestimmte Zeit am Boden, zum anderen sollen viele Urlauber aktuell mit Gutscheinen für spätere Reisen versehen werden = weniger Neubuchungen, aber auch weniger Stornos.

Längerfristig geht aber an der zukunftsorientierten Booking nichts vorbei, was der Chart vor dem Crash auch schön zeigt.

TUI **Kurseinbruch zum 52 Wochen hoch: über 80 %**

WKN: TUAG00

ISIN: DE000TUAG000

52 Wochen Hoch 12,70 (28.11.2019)

52 Wochen Tief 2,45 (16.03.2020)

TUI ist im Tourismusbereich ein Gigant. Der Konzern besitzt Hotels, Fluglinien, Kreuzfahrtschiffe und bietet über ein riesiges Netz von Reisebüros und Agenturen seinen jährlich 21 Millionen Kunden Urlaub und Erholung. Das war 2019. Das die Branche durch die Krise am Boden liegt und die Nachbeben derzeit schwer abzusehen sind ist allen klar.

TUI ist aber europa- und weltweit arbeitsplatzrelevant. Über 70.000 Beschäftigte würden durch eine Insolvenz getroffen werden, dabei sind mitverdienende Dritte (Zulieferer und Dienstleister vor Ort) nicht berücksichtigt. Diese wegbrechende Kaufkraft, gerade auch in den Urlaubsregionen, würde Kreise ziehen und die Wirtschaft nachhaltig stark belasten. Staatshilfen sind daher eine wohl logische Konsequenz.

In der Tourismusbranche wird es starke Veränderungen geben. Es könnten Synergien entstehen, die so bisher noch nicht zu erkennen waren. Der eher konservativ buchende Deutsche lernt in der Krise die weite Welt des Onlinehandels besser kennen. Plattformen wie booking und Co. rücken auch hier mehr und mehr in den Fokus. Wo an anderer Stelle aber Größe durchaus nachteilig sein könnte, kann und wird sie in dieser Branche eventuell ausschlaggebend sein. TUI ist einer der größten Spieler in Europa und weltweit.

Ob der Kurs hier steigt ist eigentlich nicht die Frage, eher wann und wie hoch. Die Gewichtung sollte innerhalb des Depots nicht zu hoch ausfallen und mit stärkerer Volatilität muss durchaus noch gerechnet werden.

Medien / Entertainment

BVB **Kurseinbruch zum 52 Wochen hoch: über 55 %**

WKN: 549309

ISIN: DE0005493092

52 Wochen Hoch 10,00 (20.09.2019)

52 Wochen Tief 4,35 (17.03.2020)

Der Fußball Verein aus Dortmund ist gerade für die Schalker aus Gelsenkirchen ein rotes Tuch. Klar, denn da geht´s darum, welcher Verein der bessere im Revier ist. Das tangiert viele Aktionäre des Vereins erstmal nur sekundär. Viel wichtiger für den Kursverlauf und eine gute Jahresbilanz sind gute und günstige Spielertransfers, die Entwicklung der Spieler und der Mannschaft und als Ergebnis Siege. Die Bundesliga ist natürlich als Basiseinnahme wichtig, richtig viel Geld spielt aber jede einzelne Runde der Champions League in die Kassen. Denn die lässt den BVB auch international erscheinen und sorgt dadurch auch für Umsatz durch den Verkauf von Trikots, anderen Merchandise und den gut bezahlten Übertragungsrechten. Die BVB Merchandise GmbH ist eine 100 % Tochter, da verdient der Verein also alleine und kräftig, die Dortmunder haben nämlich aus ihrem Verein eine echte Marke gemacht.

Hans Joachim Watzke hat, seit Amtsantritt 2005, den BVB wieder finanziell auf sichere Beine gestellt. Vor der Übernahme wurde noch ein dickes Minus im Millionen Euro Bereich bekannt gegeben. Mittlerweile hat man sogar das Stadion zurück gekauft (und gleichzeitig in Signal Iduna Park umgetauft) und verdient jedes Jahr kräftig durch gute Transferpolitik, Merchandise, regelmäßige Champions League Teilnahme und hoher Tabellenplatzierungen in der Bundesliga.

Watzke und Co. machen seit Jahren einen hervorragenden Job und das wird sich wohl auch durch die Krise nicht ändern. Als Aktie aus dem Sportsektor ist der BVB eine „Wette“ definitiv wert. Zugreifen und wieder auf Fußball freuen…

Ströer **Kurseinbruch zum 52 Wochen hoch: ca 60 %**

WKN: 749399

ISIN: DE0007493991

52 Wochen Hoch 94,95 (20.01.2020)

52 Wochen Tief 38,50 (23.03.2020)

Wer nicht raus gehen darf, der sieht auch keine Außenwerbung. Das ist für den Kölner Spezialisten für diesen Sektor verdammt schlecht. Entsprechend auch der Kursverlauf. Ströer hat Glück im Unglück, für gebuchte Werbekampagnen gilt in Deutschland nämlich ein Stornierungsverbot. Damit ist zumindest das zweite Quartal halbwegs gerettet. Da in den letzten Jahren auch der Bereich Online-Werbung ausgebaut wurde, dürfte 2020 schlecht, aber nicht total unterirdisch ausgehen.

Sobald der Alltag zurückkehrt werden auch die Kunden wieder Außenwerbeplätze buchen. Denn wer nicht wirbt, wird nicht gesehen und das kann überlebenswichtig sein und wird Ströer in die Karten spielen. Die Unternehmensführung hat in den letzten Jahren einen guten Job gemacht und wird die Krise hoffentlich auch meistern. Ich bin da positiv gestimmt.

Walt Disney **Kurseinbruch zum 52 Wochen hoch: über 45 %**

WKN: 855686

ISIN: US2546871060

52 Wochen Hoch 139,06 (26.11.2019)

52 Wochen Tief 73,06 (18.03.2020)

Der Micky Mouse Konzern hat eine lange belebte Geschichte. Angefangen mit einigen Zeichentrickfiguren hat dieser sich im Laufe eines knappen Jahrhunderts zu einem Mediengiganten entwickelt. Seit Jahrzehnten begrüßen die Freizeitparks jährlich Millionen von Kunden und spülen kräftig Geld in die Kasse. Echt super, aber in einer Krise wie der Corona-Pandemie erzielen die Parks keine Umsätze, sondern erzeugen noch Kosten.

Gut das die Kalifonier 2005 Bob Iger zum CEO gemacht haben. Der ist nämlich kräftig einkaufen gegangen: Pixar, Marvel, Star Wars und zu guter Letzt große Teile von 21 Century Fox. Diese Namen kennt jeder irgendwie: Pixar steht für familienfreundliche Animationsfilme, die Marvel und Star Wars Helden retten regelmäßig das jeweilige Universum und die Simpson sind die bekannteste Fernsehfamilie von Fox. Alle zusammen haben in den letzten Jahren Milliarden eingespielt, die Avengers und Star Wars Filme sprengen im vorbei gehen alle Kinokassenrekorde. Dazu kommen weitere Milliarden durch Merchandise, z.B. mit dem Spielzeughersteller Lego. Wahnsinn. Krönender Abschluss der Iger Ära, der vor kurzem zurückgetreten ist: Disney+. Damit stellt sich der Medienriese in direkte Konkurrenz zu Netflix und Amazon. Denen fehlen jetzt die Disney Inhalt und preislich liegt man unterhalb der beiden Konkurrenten. In den ersten drei Monaten brachte das 40 Millionen Abo-Kunden. Während der Krise dürfte die Zahl noch gewachsen sein…

Die Übernahme von Fox war nicht ganz billig, das Gesamtpaket dürfte sich aber grundsätzlich auszahlen, gerade auch im inhaltlichen Zusammenhang für Disney+

Die Aktie wurde stark abgestraft und ist daher ein echtes Schnäppchen.

Informationstechnologie / Telekommunikation

Bechtle **Kurseinbruch zum 52 Wochen hoch: über 45 %**

WKN: 515870

ISIN: DE0005158703

52 Wochen Hoch 149,40 (12.02.2020)

52 Wochen Tief 79,40 (19.03.2020)

Die Neckarsulmer wurden 1983 als GmbH gegründet. Heute betreiben sie mehr als 70 Standorte in Deutschland, Österreich der Schweiz und in 11 weiteren europäischen Ländern und sind der größte IT-Dienstleister Deutschlands.

Das Unternehmen ist in zwei Bereiche aufgegliedert: Zum einen dem IT-Systemhaus & Managed Services, bei dem die Kunden ein rundumsorglos-Paket buchen können, wie stetig angepasste Software, benötigte Hardware, sowie IT-Schulungen und System-Wartungen. Zum anderen dem IT-E-Commerce, in dem tausende IT-Produkte vertrieben werden.

Rund 100 Tochterunternehmen gehören zur Bechtle Group und tragen ihren Teil zur Wertschöpfungskette bei. Der Konzernjahresumsatz von mehr als 5,3 Milliarden Euro spricht für sich.

Das seit Gründung konstante Wachstum des Unternehmens führte über den damaligen „Neuen Markt“ in den „TecDax“ und mittlerweile sogar zusätzlich noch in den „MDax“.

In der dynamischen IT-Branche ist der Dienstleister gut vernetzt und hat sich über Jahre hinweg, auch durch offizielle EU Aufträge, einen sehr guten Namen aufgebaut. Ich gehe davon aus, dass das Unternehmen diese Krise meistern wird.

Learning Technologies **Kurseinbruch zum 52 Wochen hoch: ca. 40 %**

WKN: A1W8G9

ISIN: GB00B4T7HX10

52 Wochen Hoch 2,10 (12.02.2020)

52 Wochen Tief 0,73 (16.04.2019)

Der Dienstleister ist der europäische Marktführer rund um das immer wichtiger werdende Thema E-Learning.

Aktueller könnte das Thema E-Learning ja kaum sein. Millionen Schüler sitzen weltweit Zuhause und werden zum Teil nur mäßig gut unterrichtet bzw. auf Abschlussprüfungen wie das Abitur vorbereitet. Eine weitere sehr wichtige Gruppe neben den Abiturienten sind die Berufsschüler, denn der theoretische Ausbildungsteil durch die Berufsschulen kann kaum sinnvoll nachgeholt werden. Geschuldet auch den in Deutschland überwiegend veralteten und nicht flächendeckend vorhandenen Systemen. Dieser Bereich soll bei den Briten aber erst im Aufbau sein.

Aktuell bietet das Unternehmen E-Learning Angebote für Freiberufler, Selbstständige und Firmen. Gerade für Firmen eine super Sache. Anstatt die Mitarbeiter aus verschiedenen, weit entfernten Standorten alle irgendwo tagelang in einen Konferenzsaal zu stopfen, trifft man sich einfach virtuell. Die Corona Krise zeigt ganz klar, dass E-Learning der Weg der Aus- und Weiterbildung der Zukunft ist. Es spart Zeit durch wegfallende Anreisen, ist klimafreundlich und spart Unternehmen Kosten für Unterbringung, Raummieten etc.

Der Kursverlauf der letzten Monate zeigte schon, dass sich das Thema E-Learning immer größerer Nachfrage erfreut. Jetzt stehen vielen Unternehmen / Unternehmer der ganzen Thematik viel offener gegenüber.

Die Branche steht noch am Anfang und neue Technologien wie VR-Brillen bieten immer bessere virtuelle Lehrmöglichkeiten. Der Kursrücksetzer sollte unbedingt genutzt werden, um von dem Wachstumsschub in der Branche zu profitieren.

Mynaric **Kurseinbruch zum 52 Wochen hoch: ca. 50 %**

WKN: A0JCY1

ISIN: DE000A0JCY11

52 Wochen Hoch 64,00 (11.02.2020)

52 Wochen Tief 27,30 (16.03.2020)

2013 wurde der Kommunikationsdienstleister von ehemaligen Angestellten der DLR (Deutsche Luft und Raumfahrt) gegründet.

Das Unternehmen bietet ein Hard- und Software Paket zur kabellosen Kommunikation via Lasertechnik für die Luft- und Raumfahrt, sowie im terrestrischen Einsatz. Das ermöglicht zielgenaue Datenübertragung in riesigen Mengen und das in Lichtgeschwindigkeit. Generell eine super Sache, auch für den privaten Sektor. Die Datenmengen steigen nämlich stetig, alleine durch Streaming-Dienste wie Netflix, Amazon und Disney.

Großes Interesse an dieser Technik haben aber natürlich auch das Militär und behördliche Einrichtungen, da die Übertragung als sehr zugriffssicher durch Dritte, also Hacker, gilt.

Datenübertragung per Lasertechnologie steckt zur Zeit noch in den Kinderschuhen, ist aber eine der Technologien der nahen Zukunft. Mynaric ist mit seiner Produktpalette aktuell aus technologischer Sicht Marktführer und hat genug schlaue Köpfe an Bord, um diese Position vorerst halten zu können.

Die Bayern sind aktuell noch eine Art Geheimtipp und mit ein bisschen Glück legt man sich sogar ein sogenanntes Einhorn ins Depot, denn die Auftragsbücher sind rappelvoll. Falls eine Übernahme versucht werden sollte, könnte das dem Kurs zusätzlichen Schub geben, da es sich um ein Unternehmen mit Schlüsseltechnologie handelt.

Nuance Communications **Kurseinbruch zum 52 Wochen hoch: ca. 40 %**

WKN: A0HGWX

ISIN: US67020Y1001

52 Wochen Hoch 21,75 (17.02.2020)

52 Wochen Tief 11,64 (08.08.2019)

Nuance wurde bereits 1992 gegründet, damals noch unter dem Namen Visioneer. Bis 2002 waren die primären Geschäftsfelder die Bild- und Textverarbeitung. Die Amerikaner erkannten schnell, dass Sprachverarbeitungssoftware in der Zukunft immer relevanter werden würde und kauften entsprechende Anbieter auf. Mit der Übernahme von Nuance änderte man auch (mal wieder) den eigenen Namen in Nuance Communications und gab mit dem neuen Namen auch die Marschrichtung für die Zukunft bekannt.

2019 trennte der Dienstleister sich endgültig von den Bereichen Bild- und Textverarbeitung und konzentriert sich auf die in Zukunft relevante Sprachverarbeitung. Nuance soll mittlerweile über tausend Patente im Bereich Sprachsoftwarelösungen halten, gerade und vor allem im Bereich Künstliche Intelligenz. Die KI-Schnittstellen von Nuance zur Spracherkennung virtueller Assistenten für das Smarthome, wie z.B. Amazons Alexa oder zur Unterstützung im Arbeitsalltag sind wohl ebenbürtig zur Software von Alphabet. Aktuell ist das Unternehmen aus Massachusetts mit seinen Produkten für Privat- und Geschäftskunden mit einem Jahresumsatz von über 1,8 Milliarden Dollar Marktführer. Umsatztechnisch wird da bald deutlich mehr drin sein.

Um 2012 kamen immer wieder Gerüchte einer Übernahme durch Apple auf. Das war aber wohl nicht nötig, da seiner Zeit eine enge Zusammenarbeit bestand. Nuance hat sich aus diesem Abhängigkeitsverhältnis wieder gut gelöst und arbeitet wieder auf breiter Front mit diversen größeren Anbietern zusammen.

Da Nuance an der Börse nicht unbedingt ein Schwergewicht ist, könnte bei einer entsprechend erfolgreichen Softwareentwicklung eine Übernahme durch einen interessierten Techkonzern durchaus wieder in Frage kommen. Den deutlichen Rücksetzer kam man schön nutzen, um nochmal vergünstigt Anteile ins Depot zu legen. Entweder entwickelt sich der Kurs aufgrund des eigenen Umsatzes oder durch Übernahmefantasien. Als Anleger darf man sich freuen, egal wie es passiert.

Softbank **Kurseinbruch zum 52 Wochen hoch: ca. 55 %**

WKN: 891624

ISIN: JP3436100006

52 Wochen Hoch 49,49 (04.05.2019)

52 Wochen Tief 22,40 (19.03.2020)

Das Unternehmen ist keine Bank, so wie man fälschlicherweise aufgrund des Namens vermuten könnte. Die Japaner sind in den Bereichen Telekommunikation und Medien tätig.

Das Unternehmen ist dabei an zahlreichen Technologiefirmen beteiligt, die im E-Commerce, Robotik, Finanzen und Vermarktung tätig sind und strategisch zu den eigenen Geschäftsfeldern passen.

Dabei beweist das Unternehmen aus Tokio immer wieder einen guten Geschäftssinn und ist in der Regel frühzeitig an Bord. Beste Beispiele: eine frühe Beteiligung an Alibaba oder eine Investition in den indonesischen Versandhändler Tokopedia 2018.
Auch in Deutschland haben sich die Japaner nach einer Investition für die Zukunft umgesehen und sind in Bayern fündig geworden: Wirecard. Und das während die Rechtsstreitigkeiten mit der Financial Times noch nicht geklärt und die Bilanzsonderprüfung durch die KPMG noch nicht abgeschlossen war. Grundsätzlich ist davon auszugehen, dass das Softbank Management vorab genauer hinsieht, bevor es eine größere finanzielle Beteiligung bekannt gibt, am Ende des Tages würde ja auch die eigene Glaubwürdigkeit leiden.
Softbank ist an zahlreichen sehr guten Unternehmen beteiligt, was beim Crash natürlich zu einer deutlichen Abstrafung führte, da die Beteiligungen auch stark an Wert verloren hatten. Das ist sehr kurzfristig gedacht, denn die Beteiligungen werden sich auch wieder erholen. Des Weiteren ist man in Geschäftsfeldern tätig, die auch während der Krise aktiv sind und Geld einspielen. Ob der Vorjahresumsatz auch 2020 gehalten werden kann muss sich zeigen. Aufgrund der strategischen Vernetzungen und den hochwertigen Beteiligungen wird sich der Kurs mit ziemlicher Sicherheit Stück für Stück erholen.

Splunk **Kurseinbruch zum 52 Wochen hoch: über 45 %**

WKN: A1JV4H

ISIN: US8486371045

52 Wochen Hoch 161,86 (20.02.2020)

52 Wochen Tief 86,01 (17.03.2020)

Mit zunehmender Vernetzung und immer mehr verschiedenen Plattformen auf denen Daten gesendet werden, steigt auch der „Datensalat". Für Unternehmen und Behörden wird es immer schwieriger aus den riesigen Mengen die jeweils relevanten herauszufiltern und so zu verknüpfen, dass eine sinnvolle Nutzung möglich ist. Big Data nennt man das Ganze und wer sich damit auskennt hat ganz schnell ganz viele Kunden. Splunk ist aktuell der weltweite agierende Platzhirsch. Doch was machen die genau? Hier mal ein sehr vereinfachtes Beispiel: In einer Großstadt soll das Verkehrsaufkommen analysiert werden. Dabei will der Nutzer aber nicht das aktuelle, sondern hochgerechnet auf den Abfahrtszeitpunkt in 30 Minuten ab jetzt. Splunk nutzt jetzt alle Daten die sie bekommen können: Handys, egal welcher Netzanbieter und welcher Hersteller. Das gleiche gilt für Tablets, Notebooks, etc., also alles was sich im gewünschten Radius der Auswertung befindet. Dazu kommen standortgebundene PC´s und Netzwerke von Geschäften, Behörden etc., also Arbeitsplätze, die in dem Zeitraum hoch- oder runtergefahren werden. Dazu kommen dann noch öffentliche Webcam´s, von denen die Videoaufnahmen ausgewertet werden. Natürlich werden nach Möglichkeit noch alte Daten hinzugezogen, um einen Abgleich zwischen alten und aktuellen Ergebnissen zu machen. Aus den ganzen Daten erstellt das System eine Hochrechnung und teilt dem Nutzer mit, dass in 30 Minuten wahrscheinlich ein erhöhtes Verkehrsaufkommen zu erwarten ist.

Wie oben geschrieben ist das jetzt sehr vereinfacht, so wie ich es gelesen und verstanden habe. Grundsätzlich werden alle verfügbaren Nutzerdaten in kürzester Zeit in Abhängigkeit Ihrer Nutzung und Bewegungsdaten hochgerechnet und auch kontinuierlich angepasst.

Big Data ist eine Zukunftstechnologie in der sich das Können auf wenige Spieler verteilt. Das Unternehmen ist seit 2003 dabei und bringt daher schon reichlich Erfahrung mit, in ihrer Branche zählen sie quasi schon zu den Urgesteinen.

Die Marktkapitalisierung von unter 20 Milliarden ist jetzt für einen Techkonzern nicht unbedingt riesig. Und noch liegt der Jahresumsatz bei einer überschaubaren Summe von rund einer Milliarde Dollar. Der wird sich aber nach Expertenmeinungen in den nächsten Monaten und Jahren deutlich erhöhen. Datenauswertungen sind für Behörden zur Bekämpfung von Kriminalität und Terrorabwehr unglaublich wichtig. Das große Geld spülen die Unternehmen in die Kassen, die Auswertungen brauchen um der Konkurrenz einen Schritt voraus zu sein und damit ihre Gewinne maximieren können.

Die Krise konnte Splunk nicht vorher sagen, wer aber jetzt günstig einsammelt dürfte in Zukunft schöne Gewinne einstreichen. Für diese Analyse braucht man nur ein wenig Instinkt und keine Big Data.

Weight Watchers **Kurseinbruch zum 52 Wochen hoch: über 75 %**

WKN: A2PSZQ

ISIN: US98262P1012

52 Wochen Hoch 42,00 (09.01.2020)

52 Wochen Tief 10,00 (19.03.2020)

Branche: Dienstleister, E-Commerce, Konsum

"Woche 1 der Ausgangsbeschränkungen: Ich habe jeden Tag das Beste aus der Situation gemacht. Da ich nicht ins Fitnessstudio konnte, habe ich versucht meinen Sportrhythmus beizubehalten, klappte zwar nicht ideal, aber besser als nichts. Endlich habe ich jetzt auch mal die Zeit mich mal wieder vor Netflix zu setzen.

Woche 3 der Ausgangsbeschränkungen: mittlerweile mache ich nur noch dreimal die Woche Sport so gut es geht. Ich bin froh wenn ich irgendwann wieder ins Studio kann, das Training ist Zuhause einfach nicht das gleiche. Habe mir jetzt noch Disney+ dazu gebucht, freue mich schon die ganzen Avengers Filme nochmal alle am Stück zu gucken. Chips und Dips sind am Start…"

Das war jetzt mal eine fiktive Wochenzusammenfassung, aber so oder so ähnlich wird es bei dem einen oder anderen tatsächlich aussehen. Neben irgendwelchen Spaßbildchen werden über die sozialen Medien tatsächlich unwahrscheinlich viele Fotos von Essen, BBQs, Filmgucken mit Snacks etc. gepostet.

„War vor der Krise ja auch so" könnte man jetzt sagen. Stimmt auch, aber da hat man zum Ausgleich aber den normalen Tagesablauf gehabt, Sport getrieben und so weiter. Aktuell übernimmt in vielen Haushalten weltweit aber der Schweinehund das Kommando und flüstert „bleib doch noch was im Bett" oder „Sport kannst Du auch morgen noch machen, guck doch mal was im Fernsehen läuft…"

Wight Watchers wird sich für die gute Arbeit der inneren Schweinehunde bedanken, denn irgendwann geht es auch wieder zurück in die Realität und spätestens dann werden wieder Punkte gezählt und die Krisen-Kilos müssen wieder runter.

Unter anderem wird sich da auch Aktionärin Oprah Winfrey ins Zeug legen und an der Werbetrommel für den Abnehm-Dienstleister drehen.

Durch die sehr gute App und natürlich durch die Krise gefördert wird Wight Watchers eine Renaissance erleben.

Lange Rede kurzer Sinn,…

… ich hoffe, dass Ihnen DEPOT 2025 grundsätzlich gefallen hat. Ich hoffe noch mehr, dass sowohl die Börsenneulinge, aber auch die „alten Hasen“ meine Denkansätze und Argumentationen nachvollziehen konnten und für sich einen Mehrwert aus der investierten Zeit ziehen konnten.

Mir hat die Arbeit an meinem ersten Buch großen Spaß bereitet. Wenn Ihnen das Lesen auch Freude bereitet hat, dann habe ich (m)ein Ziel erreicht. Eine positive Bewertung bei Amazon wäre da ein großes Lob. Vielen Dank im Voraus.

Der letzte Satz ist für alle Testleser und Helfer: Ganz herzlichen Dank für Eure wertvolle Zeit und enorme Hilfe.

Quellennachweise:

2G Energy	www.2-g.com
7C Solarparken	www.solarparken.com
Accell	www.accell-group.com
Adler Modemärkte	www.adlermode.com
Alcon	www.alcon.com
Allianz	www.allianz.de
AnheuserBusch	www.anheuser-busch.com
Aroundtown	www.aroundtown.de
Bakkafrost	www.bakkafrost.com
BASF	www.basf.com
Bayer	www.bayer.de
Bechtle	www.bechtle.de
Booking Group	www.booking.com
BVB	www.bvb.de
ColgatePalmolive	www.colgatepalmolive.com
CTS Eventim	www.corporate.eventim.de
Danone	www.danone.de
DeutschePost / DHL	www.dpdhl.com
ElringKlinger	www.elringklinger.de

EssilorLuxottica	www.essilorluxottica.com
Fielmann	www.fielmann.de
Gazprom	www.gazprom.de
GoldmanSachs	www.goldmansachs.com
HHLA	www.hhla.de
H&M	www.hm.com
Iberdrola	www.iberdrola.com
Kering	www.kering.com
LearningTechnologies	www.learningtechnologies.co.uk
McDonalds	www.mcdonalds.com
MercadoLibre	www.mercadolibre.com
Mynaric	www.mynaric.com
NuanceCommunications	www.nuance.com
Paypal	www.paypal.com
PepsiCo	www.pepsico.com
Scout24	www.scout24.com
Softbank	www.softbank.jp
Splunk	www.splunk.com
StanleyBlack&Decker	www.stanleyblackanddecker.com
Starbucks	www.starbucks.com
Ströer	www.stroeer.com
Stryker	www.stryker.com
Symrise	www.symrise.com
TUI	www.tui.com
Verbio	www.verbio.de
V.F. Corp	www.vfc.com
Vonovia	www.vonovia.de
Walt Disney	www.disney.com
WeightWatchers	www.weightwatchers.com
Wirecard	www.wirecard.com
Zalando	www.zalando.de

Printed in Great Britain
by Amazon

45469956R00031